南派投资心法丛书

抓住龙头股

基本面量化投资从入门到精通

宋绍峰 著

史彦刚 主编

海天出版社
HAITIAN PUBLISHING HOUSE

·深圳·

图书在版编目（CIP）数据

抓住龙头股：基本面量化投资从入门到精通 / 宋绍
峰著. — 深圳：海天出版社，2020.5（2021.10重印）
（南派投资心法丛书）
ISBN 978-7-5507-2814-1

Ⅰ. ①抓… Ⅱ. ①宋… Ⅲ. ①投资－研究 Ⅳ.
①F830.59

中国版本图书馆CIP数据核字(2020)第003734号

抓住龙头股： 基本面量化投资从入门到精通
ZHUAZHU LONGTOUGU: JIBENMIAN LIANGHUA TOUZI CONG RUMEN DAO JINGTONG

出 品 人　聂雄前
丛书策划　许全军
责任编辑　南　芳　童　芳
责任校对　聂文兵
责任技编　郑　欢
装帧设计　知行格致

出版发行　海天出版社
地　　址　深圳市彩田南路海天综合大厦（518033）
网　　址　www.htph.com.cn
订购电话　0755-83460239（邮购、团购）
设计制作　深圳市知行格致文化传播有限公司 Tel：0755-83464427
印　　刷　深圳市希望印务有限公司
开　　本　787mm×1092mm　1/16
印　　张　15.25
字　　数　204千字
版　　次　2020年5月第1版
印　　次　2021年10月第2次
印　　数　4001—6000册
定　　价　68.00元

前言

笔者进入股票市场已经超过十年时间，在这期间，无论是市场本身的运作机理，还是笔者对市场的认识，都发生了很大的变化。但所幸的是，中国股票市场从原来的鱼龙混杂，逐渐变得越来越正规、越来越有效，因此掌握一种属于自己的、完善的、科学的投资体系，对投资是大有裨益的。

量化投资在中国股票市场是最近几年才开始流行的。在这之前，量化投资已经在西方市场存在和发展了 30 多年。从某些方面来看，量化投资对于很多个人投资者，甚至部分基本面流派的专业投资者来说，还是有一些神秘的。因此本书的首要任务，是希望能给大家普及量化投资的基本概念和发展现状，从而揭开其神秘面纱，让量化投资变为投资者的一种工具。

在研究量化投资时，笔者倾向于抱着一种研究 + 实战的态度。诚然，量化投资是比较依赖于金融学理论的。在西方金融学的研究体系里，数学实证分析是非常重要的一个部分。所谓实证分析，就是用金融市场数据，去验证一种假设。金融学研究能给量化投资提供强有力的支持和推动，也有很多金融学教授最终投入投资实战中，例如诺贝尔经济学奖获得者 Myron S. Scholes（迈伦·斯科尔斯）、Robert C. Merton（罗伯特·默顿）等人，感兴趣的人可以了解一下 LTCM（美国长期资本管理公司）的历史；斯坦福大学商学院教授 Charles M.C. Lee（李逸群）曾在量化投资巨头 Barclays Global Investors（巴克莱全球投资公司）担任要职；美国康奈尔大学金融学终身教授黄明成立的睿策投资，运用行为金融和量化投资，在 A 股市场取得了相当不错的战绩。这些从侧面印证了量化投资是一种较成熟的投资体系。

本书并非纯粹的量化投资类书，书中介绍的量化投资体系是偏中长期的"价值"型，很多模型思想也来源于基本面研究。现在投资圈有一种趋势，就是量化投资者将自己视为一个独立的派别，并与基本面投资者彻底区分开来，认为自己是靠纯模型战胜市场；而另一方面，纯基本面研究的投资者认为量化投资者都是 Geek（极客），不愿意或者拒绝接受量化投资的思想。笔者认为这两种思想都是不可取的。投资是一种博大精深的思想体系，过于偏执就会增加自己的犯错概率。在市场浸淫得越久，就越敬畏市场。这种敬畏之情也会扩展到自己生活的其他部分，例如尊重每一种成熟的哲学，尊重工作和生活中不同的声音与意见，尊重事实，包容其他投资者的思维逻辑等。这种尊重和包容将贯穿此书，笔者也会在书中引用很多同仁的思想、模型和经验，以求从客观、公正的角度来给投资者列举种种事实。

由于是"从入门到精通"，本书会先从经济学理论开始，逐步涉及行业和公司的分析方法，一步一步地将大家引入真正的投资管理人的境界，并思考得更加深入彻底。诚然，对于许多个人投资者而言，也许不能拥有一些较昂贵的机构投资者使用的软件，例如 Wind（金融数据、信息和软件服务企业）资讯终端、Bloomberg（彭博）专业服务、天软科技等，但并不妨碍个人投资者深入思考投资决策。投资是没有太高门槛的一项职业，深入思考的个人投资者的收益完全有可能比专业的机构投资者好很多。笔者相信，信息源的优势并不能直接成就好的投资者，投资的好坏取决于投资者对信息的处理和逻辑思维能力的高低。而掌握投资的逻辑，需要一些基本的专业知识和理论支持。因此，本书从经济学理论开始，介绍当前的机构投资者怎么对待经济数据，以及金融市场大环境；然后介绍基本面投资的方法论，这个方法论体系应该和我国主流投资机构做基本面分析的脉络是一致的，希望大家读完这部分内容后能对基本面投资体系有一定的了解，做出自己的判断，应对一些相关的情况；最后介绍量化投资的不同分类，并在此基础上介绍基本面量化投资的理论和体系（基本面量化投资其实有很多分支，本书将着重介绍目前国内较流行的多因子投资体系）。

不可否认的是，市面上已经有很多量化投资的普及类书籍。笔者更希望将此书写为一种方法论类或者具有启发思辨风格的书，而非介绍使用编程软件和数据库的工具类书。如果大家读此书的目的是后者，那么请参照其他专业类书籍。此外，承上所言，笔者不会把自己作为一个纯粹的 Quant（金融工程师），而是更多地传播基本面量化投资的思想，因此如果有主旨上的分歧，还请大家谅解。

在这里，我想对在职场和日常生活中给予我莫大帮助和支持的领导表示感谢，其中包括但不限于：我人生中第一次职业面试的面试人兼将我带进证券行业的领导，长城证券研究所原所长向威达先生；泰达宏利基金管理有限公司的领导，现任泰达宏利基金金融工程总监戴洁博士；现公司的领导——格林基金管理有限公司总经理高永红女士、副总经理兼固定收益部总监史彦刚先生。

我还想感谢长期支持我的同事、同行和朋友，其中包括但不限于：我的师兄，现任招商证券研究发展中心首席分析师任瞳先生；三次获得金融工程新财富奖的原联合证券金融工程团队的宋曦先生；广发证券金融工程首席分析师安宁宁先生；海通证券的冯佳睿先生；天风证券的韩瑾阳女士；格林基金 CTA（商品交易顾问）投资经理刘同先生；格林基金基金经理张兴先生；康奈尔大学约翰逊商学院校友、睿策投资基金经理张宇先生；康奈尔大学约翰逊商学院教授 Sçott Stewart（斯科特·斯特亚特）；康奈尔大学约翰逊商学院校友、美国基本面量化基金 O'Shaughnessy（奥桑尼斯）资产管理公司研究总监 Christopher Meredith（克里斯托弗·梅雷迪斯）先生；等等。

最后，感谢我的家人在写作过程中给予的支持和鼓励。

目 录

C O N T E N T S

第 **1** 章

经济学基础

一、经济学的研究方法论

　　本章先回顾一下经济学——这是一个非常大的命题，每年都颁发诺贝尔经济学奖，而经济学的广度和深度又在不断扩展。本章仅从一个投资者的角度，就几个小话题来介绍和探讨必要的、基础的经济学。

　　西方经济学的基础课本，或者叫"ECON 101"[①]，大概就是曼昆的《经济学原理》了。它不仅是一本经济学著作，也是一本西方教学的典范。它的教学方法不是生涩地阐述公式，而是尽量用一些生动、浅显的例子来描述原理。这也是经济学动人的地方——既博大精深，又平易近人。

　　《经济学原理》把经济学分为宏观和微观两个部分，这是非常重要的。具体来看：

　　　　宏观经济学，英文名称 Macroeconomics，是使用国民收入、整体经济投资和消费等总体性的统计概念来分析经济运行规律的一个经济学领域，主要研究一国经济总量、总需求与总供给、国民收入总量及构成、货币与财政、人口与就业、要素与禀赋、经济周期与经济增长、经济预期与经济政策、国际贸易与国际经济等宏观经济现象。

　　　　微观经济学，英文名称 Microeconomics，又称"个体经济学""小经济学"，是现代经济学的一个分支，主要以单个经济单位（单个生产者、单个消费者、单个市场经济活动）为研究分析对象。微观经济学是研究社会中单个经济单位的经济

---

①即 Economics 101，意为经济学类课程，编号 101。

行为，以及相应经济变量的单项数值如何决定的经济学说，主
要包括消费者选择、厂商供给和收入分配。

换句话说，宏观经济学就是研究国家级别的、大的个体的运行规
律，也涉及如何通过政策来影响国家的经济；而微观经济学往往是从一
个个体出发，例如人、一家企业等来研究某个具体事物的影响。就一个
投资者而言，平时关注最多的往往是宏观事物，例如央行的利率政策、
汇率问题、进出口问题等。但微观经济学对投资者而言，其实是基础之
基础，以下几个概念需要牢牢记住。

沉没成本

沉没成本，通俗地讲，就是过去的投入，对未来不会再产生正面效
用。举一个简单的例子，某个投资者巨额投入一只股票，然后在某一个
时间节点退出，结果造成了巨大的损失。

那么在这种情况下，投资者应该做什么呢？如果又碰到了新的投
资机会，甚至经过研究，这只股票又出现了新的投资机会，是否应该
买入呢？

理性的做法是应该买入，因为过去的亏损已经是沉没成本，如果这
只股票的亏损原因和目前买入的原因没有任何联系，那么过去发生的对
现在所做的不产生任何影响或没有预见性。如果学过统计学，就应该知
道在这种条件下，两起事件是没有交集的。在这种情况下，过去的就让
它过去，这就是"沉没成本"。

沉没成本的经济学意义是一旦确定它沉没了，那么它就不能成为做
决策的参考变量。换句话说，沉没成本跟目前的决策没有任何关系。

说起来很容易，但做起来确实很难。

例如，从行为金融学的角度来看，人们做决定会受到"锚定效应"的严重影响。比如很多人会把股票价格锚定在建仓的成本价，认为那才是合理的。所以熟练地运用"沉没成本"的概念，需要大量的刻意练习。

边际成本

边际成本，就是每多获得一个单位的回报，所必须付出的投入。边际，就是增量的意思。

比如工厂生产鞋子，多生产一双，就要多花费 50 块钱，那这 50 块钱就是边际成本。再比如，你的月收入是 1 万块钱，要多获得 1000 块钱的收入，就要加班两天，那这两天的劳动投入，就是这 1000 块钱收入增量的边际成本。边际成本与"固定成本"是不同的。

在数学上，边际成本通常被表示为回报相对于投入的函数的一阶导数：

$$mc = \frac{df(x)}{dx}$$

在现代金融市场上，边际分析也是分析师们分析市场走向、经济动态的核心思想方法。比如通胀水平边际走低，指的就是跟上个月相比，本月的 CPI 更低了，代表的是一个单位时间内，通胀水平的增量变化，它有可能是最新的趋势力量。金融市场的定价都是基于预期的，市场对金融变量的边际变化特别敏感，因为这种边际变化，往往可能意味着新趋势的开端。比如，如果此前的 M2（货币供应）增速都在 10% 以上，突然某个月变成了个位数，比如 9% 的增长，那这个时候金融界人士就会理解为央行的货币供应实际在收紧，且这种收紧可能成为一种趋势。

在我们的日常生活中，边际分析、边际成本的思想也极为重要。例如我们分析一个竞争激烈的行业，当需求相对固定甚至萎缩，每家公司反而在扩张，大量投入产能，这是为什么呢？虽然考虑到固定资产投资的折旧后，每家公司是亏损的，但是大家都在降低边际成本，最后边际成本最低的公司赢得了更大的份额。当行业需求恢复甚至上升时，边际成本低的公司就会成为大赢家。

机会成本

机会成本，是指选择某一个机会而放弃其他机会所能带来的最高价值。这话有点绕，简单来说，比如你有 100 块钱，可以用来买肯德基的全家桶，也可以用来买两本书，全家桶和两本书就互为机会成本。可以粗略地理解为，你为了做这件事，要放弃其他事，其他事的可能收益就是你的机会成本。

具备机会成本的理念，可以让我们看待问题更加全面，更加基于大格局、大战略来分析各个选项的优劣，而不是只看到风险和损失。如果一个人特别看重机会成本，就不会计较眼前的得失，面对未来会显得更加有勇气去做一些新的尝试，因为他害怕失去未来可能的机会，这种失去带来的成本，才是他不可承受的。

以上所说的几个重要概念，正是微观经济学的部分核心内容。虽然宏观经济学是投资者经常遇到、讨论的话题，微观经济学却让我们更富有智慧。笔者在康奈尔大学约翰逊商学院读书时的教授 Robert Frank（罗伯特·弗兰克）的《牛奶可乐经济学》是一本与微观经济学相关的好书，Robert 非常朴素，常用简单的小故事来教我们微观经济学——一门让我们更加聪明的科学。

接下来让我们回到宏观经济学。做投资，尤其是基本面量化研究，必须理解宏观经济学的一些基础概念。在中国股票市场，过去和目前应用最普遍的就是货币经济学和发展经济学了。

二、货币经济学

很多人都知道，中国经济的运行和货币发放有着密切联系：当市场"流量充裕"的时候，往往股票市场比较活跃；而当"大水漫灌"的时候，房地产市场往往像发疯一样上涨。

衡量货币往往用 M0、M1、M2 来表示。M0 为流通中现金，指银行体系以外各个单位的库存现金和居民的手持现金之和。M1 在 M0 的基础上，加上了企业的活期存款。这些活期存款一般是可以快速兑现的，因此 M1 比 M0 更广义一些。M2 则是在 M1 之上，又加了定期存款、储蓄存款、货币基金等流动性比活期存款稍差的准货币。由此可以看出，M1 反映着经济中的现实购买力，M2 同时反映现实和潜在购买力。若 M1 增速较快，则消费和终端市场活跃；若 M2 增速较快，则投资和中间市场活跃。我们也常用 M1—M2 的增速来描述消费的活跃程度（见图 1-1），

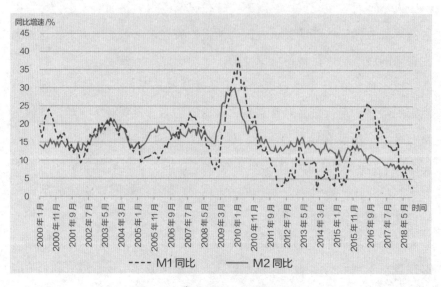

图 1-1 我国 M1、M2 同比增速

资料来源：Wind

如果 M1 增速持续大于 M2 增速，则为消费强劲。

　　与货币紧密联系的是经济活动，大家需要了解的是 GDP 的常见支出法计量方式：

$$GDP = 净出口 + 投资（资本形成）+ 消费$$

　　从过去40年的GDP分解中，大家可以看到拉动GDP的"三驾马车"的贡献率情况（见图 1-2），这些数据对宏观经济决策来说是重要的参考数据，例如当经济走向衰退时，一般会加大投资的力度，或者刺激消费。投资又进一步分解为政府投资和私人投资，也和另一个重大决策机制紧密相关——财政政策。

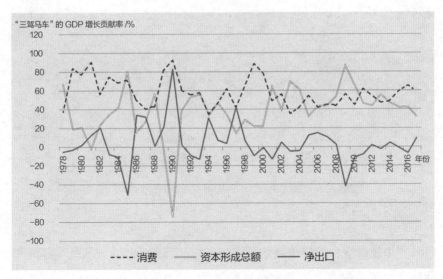

图 1-2　我国 GDP 增长贡献的"三驾马车"分解

资料来源：Wind

　　宏观经济学的一个重要的应用就是政府决策机制。经济发展是有周期的，我国经济在过去 40 年也经历了大大小小的周期，如图 1-3 所示。为了调节经济，政府一般可以运用货币手段，例如存款准备金率、基准利率等；也可运用财政手段，例如税收、基建等。但这些手段都是短期

的，或者互相牵制着，而非长效机制。一个有经验的投资者会对政策手段做出自己的分析。例如 2017 年美国减税，减税会刺激私人企业的投资，也刺激相应的经济增长；但减税会直接减少政府部门的收入，加大财政赤字。因此，美国政府在减税后面临非常大的压力，政府甚至用阶段性停摆来控制雇员的工资支出。

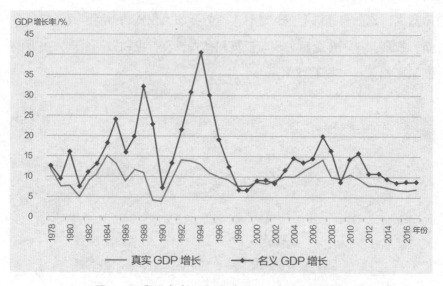

图 1-3　我国真实 GDP 和名义 GDP 增长率情况

资料来源：Wind

　　货币经济学和股票市场是紧密相连的，最直观的认识就是当经济和通胀双升的时候，上市公司的盈利就好。前文所提到的 GDP 一般都是指真实 GDP，是扣除通胀因素之后的经济增长。而真实 GDP 增速加上每年的 CPI 增速（更准确的计算方式是 GDP 平减指数）就是名义 GDP 增长，也就是包含价格影响后的经济增长。一般来说，股票市场的上市公司都是中大型优秀龙头公司，因此股票市场的整体增速一般被认为会好于名义 GDP 的增速。

　　货币也和债券市场联系密切，尤其是长期限的利率债。当投资者对远期经济的预期黯淡，通胀水平低甚至变负时，债券价格上涨。对货币市场或短债市场而言，当银行间的短期流动性变差时，短期利率上升。值得一提的是，一般来说，利率债的利率水平加上信用利差（一种反映公司信用好坏的指标）才是企业融资的实际成本。因此当货币紧缩时，企业融资成本变高，体现在对经营的收缩。

如上所述，货币经济学可以帮助我们理解很多东西。但有一点解决不了，就是怎么理解更长周期（10 年以上）的经济增长。因此，了解发展经济学的知识也是非常必要的，可能比货币经济学更重要。

三、发展经济学

发展经济学研究的目标是国家的长期增长问题，这对发展中国家尤为重要。谈起发展经济学，一般要理解一个重要的基础概念——索洛经济增长模型（Solow Growth Model）。

$$Y = K^\alpha \times (AL)^{1-\alpha}$$

其中，Y 是经济增长，K 是资本投入（可以简单理解为前文 GDP 分解里的投资），L 是劳动力投入，A 是技术发展水平，而 α 是一个参数。

由此公式可以看出，除了资本的投入之外，有两个因素非常重要：一是劳动力的投入，简单来说，就是"人口红利"。劳动力人口的年轻化和人数的增多，都是"红利"，所以人口和年龄结构是发展经济学者研究的重要课题之一。国内著名学者兼经济学家高善文先生就在 2010

年左右提出了"中国人口红利可能面临终点"一说[①]，认为经济面临"刘易斯拐点"，在当时引起了强烈反响。从世界银行的统计数据来看，把 15 ～ 64 岁的人口定义为劳动力人口，我国在这一区间的人口绝对数字和相对数字比例都在下降（见图1-4、图1-5）。以劳动力驱动经济增长的模式也许没有较大空间，是在我国做投资需要考虑的非常重要的一点。

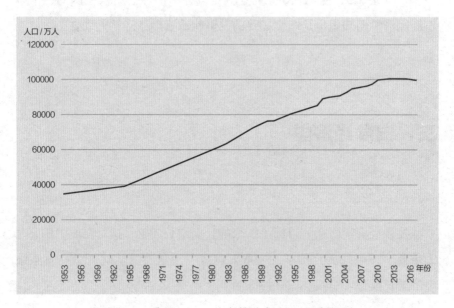

图1-4　我国15 ～ 64 岁劳动力人口绝对数量

资料来源：Wind

人口红利趋势的转变往往需要20 ～ 30 年。所以在出生率等指标下降时，即使考虑到鼓励生育等政策起效，也需要很长一段时间才能看到效果。同时，劳动力数量的减少，会使 15 ～ 64 岁这一年龄层的劳动力

---

①尤宏业，莫倩，高善文.上升的地平线——刘易斯拐点与通货膨胀裂口 [J].金融发展评论，2010（12）：4-21.

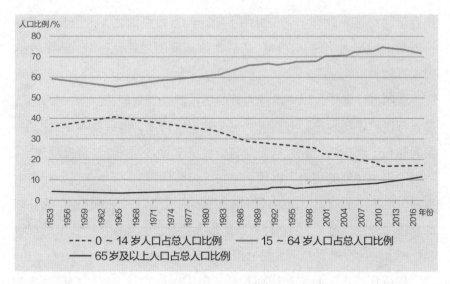

图 1-5　我国各阶段人口数量的分布趋势

资料来源：Wind

价格更贵，在未来相当长的时间内，工资的上涨可能会成为趋势。

　　除了人口问题之外，还应该注意到技术发展水平是一个非常重要的因素，而且往往需要好的长效机制来刺激和鼓励。日本著名发展经济学家速水佑次郎曾反思过：很多发展中国家在二十世纪七八十年代很辉煌，之后的走势却不尽相同，其中一个重要原因是科技创新是否成为长效竞争力在各个发展中国家的情况不同。[1] 在战后，许多发展中国家早期大多是给发达国家做一些 OEM 产品（东南亚模式），再加上作为重要的原材料生产国（拉美模式），可以快速地累积资本，使GDP 总量和人均 GDP 快速上升，但在到达一定水平之后，例如人口开始老龄化或者资本投入过了顶峰，这种优势将不复存在，这时更加长效的创新才是发展中国家继续累积财富的重要引擎。虽然"刘易斯

①速水佑次郎.发展经济学：从贫困到富裕 [M].李周，译.北京：社会科学文献出版社，
2003.

拐点"同样是导致日本"失去的十年"的重要原因之一，但日本在科技创新上的努力，使其在经历战后粗放型发展之后，逐渐迈入了发达国家行列。

在西方学者中，以熊彼特为首的学术派是发展经济学的一个分支。熊彼特以"创新理论"解释资本主义的本质特征，解释资本主义发生、发展和趋于灭亡的结局，从而闻名于经济学界。他在《经济发展理论》一书中提出"创新理论"以后，又在《经济周期》《资本主义、社会主义和民主主义》两书中加以运用和发挥，形成了以"创新理论"为基础的独特的理论体系。"创新理论"的最大特色就是强调生产技术的革新和生产方法的变革在经济发展过程中至高无上的作用。

熊彼特指出，每个长周期包括 6 个中周期，每个中周期包括 3 个短周期。短周期约为 40 个月（基钦周期），中周期约为 9 ~ 10 年（朱格拉周期），长周期为 48 ~ 60 年（康德拉季耶夫周期）。熊彼特以重大创新为标志来进行划分，根据创新浪潮的起伏，把资本主义经济的发展分为三个时期：（1）1787—1842 年是产业革命发生和发展时期；（2）1842—1897 年为蒸汽和钢铁时代；（3）1898 年以后为电气、化学和汽车工业时代。进入 21 世纪，信息技术推动知识社会的形成及其对创新的影响进一步被认识，科学界进一步反思对技术创新的认识。创新被认为是各创新主体、创新要素交互作用下的一种复杂涌现现象，是创新生态下技术进步与应用创新的创新双螺旋结构共同演进的产物。关注价值实现、用户参与的以人为本的创新 2.0 模式成为新世纪对创新重新认识的探索和实践。

熊彼特认为，所谓创新就是要"建立一种新的生产函数"，即"生产要素的重新组合"，就是要把一种从来没有的关于生产要素和生产条件的"新组合"引进生产体系中，以实现对生产要素或生产条件的"新组合"；作为资本主义"灵魂"的"企业家"的职能就是实现"创新"，引进"新组合"；"经济发展"就是指整个资本主义社会不断地实现这种"新组合",或者说资本主义的经济发展就是这种不断创新的结果;这种"新组合"的目的是获得潜在的利润,即最大限度地获取超额利润。周期性的经济波动正是起因于创新过程的非连续性和非均衡性,不同的创新对经济发展产生不同的影响,由此形成时间不同的经济周期。他提出,"创新"是资本主义经济增长和发展的动力,没有"创新"就没有资本的发展。"创新"的五种情况是:

*采用一种新的产品,也就是消费者还不熟悉的产品,或开发产品的一种新特性。

*采用一种新的生产方法,也就是在有关制造部门中尚未通过经验检定的方法。这种新方法不需要建立在新的科学发现基础之上,也可以存在于商业上处理一种产品的新方式之中。

*开辟一个新的市场,也就是某国的某一制造部门以前不曾进入的市场,不管这个市场以前是否存在。

*掠取或控制原材料或半成品的一种新供应来源,也不问这种来源是过去已经存在的,还是第一次创造出来的。

*实现任何一种工业新组织,比如造成一种垄断地位(例如通过"托拉斯化"),或打破一种垄断地位。

后来人们将他这一段话归纳为五个创新,依次对应产品创新、技术创新、市场创新、资源配置创新、组织创新。其中组织创新也可以看成制度的部分创新,当然仅仅是初期狭义的制度创新。对于熊彼特的周期理论,中信建投原首席经济学家周金涛先生有一系列的论述和预测。

发展经济学还有很多其他的应用,值得延伸阅读。

四、量化在经济学中的应用与宏观对冲

量化在经济学中是有着重要作用的。从学术特征来讲，西方当代经济学的建立、壮大和数学密不可分。而最近30年的诺贝尔经济学奖的成名理论背后除了深刻的政治、经济学理论之外，还有大量的数学推导和证明。从业界来看，著名的对冲基金，例如Bridgewater Associate（桥水联合）大量利用量化和分析来研究经济。

具体来看，量化在我国券商和投资买方机构中大量用于经济预测，例如CPI、PPI、工业增加值等预测。宏观经济学家或者买方机构在2007年以前较多利用波动模型，例如ARIMA模型等，来进行纯数学的预测。2007年之后，统计局对经济数字的描述逐渐清晰之后，大家开始结合微观调研和价格数据来预测当月和下个阶段的经济数据，准确性也在不断提高。

在国外市场，量化运用的范围更大一些，尤其在某些对冲基金里，采用数据和经济学来准确预测资产价格的不对称成为可能。宏观经济的趋势变化是比较长期的，如果能够准确预测并进行相关资产投资，往往会取得比较理想的回报。但值得注意的一点是，宏观对冲希望获得的是较大波动的收益。如果经济运行得比较平稳，波动率不大，宏观对冲策略往往不尽如人意。

非常经典的案例就是在2007—2008年的美国次贷危机中，做空者取得了非常大的成功，小说*Big Short*（国内又叫《大空头》，有相关电影）就描述了这样一种情形。2002—2006年是美国房地产市场的牛市，起初地产价格的上涨是良性的，后来宏观对冲者发现了问题——次级抵押贷款是导致地产价格上涨的重要原因。次级抵押贷款可以理解为"楼抵贷""贷中贷"，购房者往往已经获得了住房抵押贷款，但为了获得更多的借贷，就将自己的房产进行多次抵押，从而获得资金再购买房地产。这样实际上成了"击鼓传花"，投机性越来越强。正如小说中所描述的，当某个基金经理去拉斯维加斯开会时，发现当地的脱衣舞娘都买了 3 套房子！

图 1-6 所示的是美国政府公布的房屋价格指数。房子的价格应该和居民可支配收入基本是对应的关系，在理性情况下，居民的可支配收入越高，那么房子的价格越高。具体一点说，居民可支配收入应该是以 CPI，GDP 为变量的一个函数，而房子的价格应该是以居民可支配收入为变量的一个函数。这样在长期趋势中，两者变化应该比较接近。

但从 2002 年开始，这个规律开始被打破。从图 1-6 可以看出，在 2006 年时，房价的涨幅大大超过理性值。在美国地产投机最厉害的地域，例如加州和内华达州，超过理性值的数值更大。所以宏观对冲者发现事情不太对头！

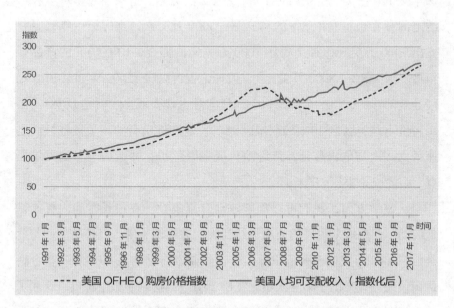

图1-6　美国房屋价格指数和人均可支配收入的趋势对比

资料来源：Wind

这时，对数据的解读，更重要的是对经济学的正确理解和一种逆向思维成了发现机会的诀窍。宏观对冲者不停地寻找原因，并且在更多的时间里，寻找一种去"做空"经济的工具。2006 年，在美国，做多经济、做多房地产都很好办，但是做空反而成了一件难事。宏观对冲者发现次级抵押贷款的 MBS（住房抵押贷款证券）是地产价格非理性上涨的重要原因之一，因为投资银行鼓励购房者不断贷款买房，再把贷款做成层层分级的资产证券化工具，反手卖给大量的固定收益投资者。房地产市场异常火爆，大家反而把资产证券化的"劣后级"都当作了优秀资产，评级机构也不负责任地给出 A 以上的评级。MBS 的信用工具 CDS 就是很好的做空工具，在次贷危机中赚得盆满钵满的空头们，很大程度上要感谢 CDS 这个风险—收益几近完美的金融工具。

以 Paulson（鲍尔森）的基金为例，10 亿美元的本金，可以购买 120 亿美元针对 BBB 级的 CDS 产品，但并不是付出 120 亿美元，而是每年交 120 亿美元的 1% 的保费——1.2 亿美元。这只新基金可以在缴纳之前存在银行获取 5% 的利息——5000 万美元，这样第一年只需要支出 7000 万美元，加上每年 1000 万美元的佣金，10 亿美元的产品一年最多损失 8%（8000 万美元），但理论上可以赚 1200%（如果 BBB 级债券全部违约，CDS 全部赔付，当然实际上能要回多少就是多少）。后来房价下跌，区区 10% 的跌幅就因广大地产投机者的高负债杠杆而迅速增大，次贷危机蔓延，最终演化成金融危机，并造成著名的贝尔斯登、雷曼兄弟银行破产倒闭。

从数学方面，我们可以理解波动有聚集性，在很长时间内可能是低波动，但在短期内可能波动突然变大，并逐渐衰竭。经济的波动与此类似。2008 年美国金融危机爆发，美联储以自己购买 MBS 和一些金融机构债的方式推出了第一次量化宽松（QE），这时候做空者可以获利了结出场。在这之后，房地产市场由于失业率高而惯性下跌。在 2009—2010 年，投资者应该再次看到希望，因为此时失业率到达高点而开始下降；地产价格无法再跌，主要是存量的贷款抵押违约房出售，主动出售的投机房已经出清；优质地段的租金回报率达到 15%，由于量化宽松，30 年的住房抵押贷款利率只有 3.6%，而且政府鼓励金融机构贷款。这难道不是反向做多的机会吗？

有人可能会对图 1-6 的信息进行延伸想象：国内的房地产最近 10 年暴涨，是不是也到了大熊市的边缘呢？

其实没有那么简单，宏观对冲者一定要对事实和假设思考得非常清楚。美国房地产和住房抵押贷款早在 50 年前就很成熟，居民的金融负债理论上应该维持在合理水平。但我国不一样，居民的房地产贷款是从 2007 年左右才开始的，所以最近 10 年的地产价格上涨除了受益于居民可支配收入提升之外，也跟居民资产负债率的上升关系密切。当然这个负债率不能无限制上升，到了一定程度也容易出现负面影响。但反过来看，2008 年左右出现低地产价格、深圳涌现"断供潮"等，其实也为宏观对冲者提供了非常好的机会。

总之，在大波动之下，宏观对冲基金通过反复操作而获利，房地产、汇率、期货、股票、债券都是宏观对冲者熟练运用的工具。目前[①]世界上著名的宏观对冲基金除了 Bridgewater Associate 之外，还有索罗斯基金、Appaloosa（阿帕卢萨）基金等，中国的敦和资产也是规模过百亿的著名宏观对冲基金。有兴趣的人可以多多延伸学习，但要注意不要被简单的故事或者"传奇"所迷惑，而是要理解案例背后的思维逻辑。

---

①指 2018 年。后文除了特别指明时间的以外，一般都指 2018 年。

五、经济学的学习来源

经济学是非常有趣的，热爱股票的人可以参考下面的内容进行延伸阅读。

经济学入门级

保罗·A.萨缪尔森、威廉·D.诺德豪斯著，萧琛译，商务印书馆出版的《经济学》。萨缪尔森是第一位获得诺贝尔经济学奖的美国人，该书是经典的经济学入门教科书，1948年首次出版，畅销全球。

格里高利·曼昆著，梁小民译，北京大学出版社出版的《经济学原理》。格里高利·曼昆曾是哈佛大学最年轻的经济学教授（29岁）。该书是近年流行的经济学入门教材。

经济学中级

这个级别一般开始涉及一些量化知识，并扩展到一些数量经济学的应用。

罗伯特·S.平狄克、丹尼尔·L.鲁宾费尔德著，中国人民大学出版社出版的《微观经济学》，讲解透彻。

哈尔·R.范里安著，费方域等译，上海人民出版社出版的《微观经济学：现代观点》，经典教材。

杰弗里·萨克斯、费利普·拉雷恩著，费方域等译，上海人民出版社出版的《全球视角的宏观经济学》。

多恩布什、费希尔、斯塔兹著，王志伟译，中国财政经济出版社出版的《宏观经济学》。

经济学高级

这一阶段的经济学就需要比较高深的基础了。

马斯－科莱尔 、温斯顿著，刘文忻、李绍荣译，中国社会科学出版社出版的《微观经济学》。该书是高级微观经济学的顶级教材。

戴维·罗默著，王根蓓译，上海财经大学出版社出版的《高级宏观经济学》。

奥利维尔·琼·布兰查德、斯坦利·费希尔著，刘树成等译，经济科学出版社出版的《宏观经济学（高级教程）》。

其他经典西方经济学图书

亚当·斯密著，郭大力、王亚南译，商务印书馆出版的《国富论》。亚当·斯密是经济学的奠基人，《国富论》是近代第一本经济学著作，是所有学习经济学的人都要读的书。尽管其有价值的部分已经体现在后来的经济学教科书中，但阅读此书，获得直观感受仍是非常有必要的。

阿尔弗雷德·马歇尔著，朱志泰译，商务印书馆出版的《经济学原理》。这本书是现代微观经济学的雏形，阿尔弗雷德·马歇尔是剑桥大学经济学教授，也是约翰·梅纳德·凯恩斯的老师。

约翰·梅纳德·凯恩斯著，徐毓枬译，商务印书馆出版的《就业、利息和货币通论》。这本书是现代宏观经济学的开山之作，凯恩斯是历

史上最伟大的经济学家之一。

米尔顿·弗里德曼、罗斯·弗里德曼著，胡骑、席学媛、安强译，商务印书馆出版的《自由选择》。米尔顿·弗里德曼是 1976 年诺贝尔经济学奖获得者，货币学派、现代自由主义的代表人物，20 世纪最伟大的经济学家之一。《自由选择》对市场机制做了通俗而又深刻的解释，对计划经济进行了有力的批判。

米尔顿·弗里德曼著，张瑞玉译，商务印书馆出版的《资本主义与自由》。这本书对经济自由与政治自由之间的关系做了深入论述。

弗里德里希·奥古斯特·冯·哈耶克著，王明毅等译，中国社会科学出版社出版的《通往奴役之路》。弗里德里希·奥古斯特·冯·哈耶克是 20 世纪最伟大的经济学家和思想家之一，1974 年诺贝尔经济学奖得主，《通往奴役之路》是他最有名的著作。

亨利·黑兹利特著，蒲定东译，中信出版社出版的《一课经济学》。该书是最出色的经济学通俗读物之一，矫正了流行的经济政策和观点的谬误，比较有趣。

经济学顶级期刊

经济学在国外有五大顶级期刊，学者们不断更新他们的研究，并且通过论坛和期刊交流观点，以期获得更好的发展。具体如下：（1）*The American Economic Review*（《美国经济评论》）；（2）*Econometrica*（《计量经济学》）；（3）*Journal of Political Economy*（《政治经济学杂志》）；（4）*Quarterly Journal of Economics*（《经济学季刊》）；（5）*The Review of Economic Studies*（《经济研究评论》）。

国内经济学顶级期刊是《经济研究》（中国社会科学院经济研究所）和《经济学（季刊）》（北京大学国家发展研究院）。

与经济有关的媒体

以下几个媒体，除了可以了解观点之外，还可以练练英语：（1）《华尔街日报》，还有中文网站；（2）《经济学人》（*The Economist*），还有微信公众号；（3）彭博财经（Bloomberg），有电视、杂志和微信公众号。

第 **2** 章

怎么进行行业研究
——强周期行业篇

一、强周期行业的特征

从本章开始，将介绍基本面研究的一些基本方法论。基本面研究是博大精深的，书中只是介绍了部分"精髓"，有兴趣的人可以自行阅读相关著作。

一般来说，基本面研究分为自下而上和自上而下两种流派。自下而上的投研人员注重对具体公司的研究，不是特别关注宏观经济和周期的影响；自上而下的投研人员则反之，首先去寻找宏观经济所在周期，找到有利的行业，再选择具体的公司进行投资。这两种方法论其实有很多共通之处，即无论如何，一个好的投研人员都必须对经济和行业有足够的认识，才能进行有的放矢的研究。例如，再好的公司也有竞争者，也有与公司业务相关的"上下游"行业或公司，而不是单独存在的。所以，对大类行业的了解是很重要的。这也是公募基金投研人员培养体系里需要一个曾轮岗研究多个行业的投资经理的原因。

本书在章节方面大致分为周期、科技、消费等几个大类，下文先将金融行业与周期性行业结合起来论述。

强周期一般指与宏观经济周期相关性极强的行业，宏观经济的组成公式是：GDP = 消费 + 进出口 + 投资。

消费对经济的影响是偏长期的。进出口是一种外生性变量，需要考量外部需求等因素。投资是短期内可以调节的因素，又分为政府投资和私人投资。2008 年的 4 万亿元投资计划就是政府主导的投资，政府投资一般见效较快。私人投资一般在经济复苏后开始，属于一种晚周期的投资。无论如何，周期性的投资会带来一些行业的需求好转，包括有色金属、建材、钢铁、化工、机械设备等。

周期性行业的特征就是产品价格呈周期性波动，产品的市场价格是企业盈利的基础。在市场经济情况下，产品价格形成的基础是供求关系，而不是成本，成本只是产品最低价的稳定器，而不是决定的基础。市场经济的特征就是行业投资利润的平均化，如果某一个行业的投资利润率高了，那么就有人去投资，投资的人多了，投资利润率就会下降，如此周而复始。

周期性行业分为消费类周期性行业和工业类周期性行业。

（一）消费类周期性行业

消费类周期性行业包括银行、房地产、证券、保险、汽车、航空等，消费类周期性行业兼具周期性行业和消费行业的特性。它们的终端客户大部分是个人消费者（银行的客户还包括企业），虽然品牌忠诚度较低，但仍具有一定的品牌效应。需求虽然出现波动但总体向上，而且在中国基本上是刚刚启动的行业，市场前景巨大。除了汽车、航空行业以外，其他消费类周期性行业大多属于较轻资产型，在行业景气度低谷期的弹性较大。

1. 银行

银行产品价格相对较稳定，需求波动也较小，零售占比大的银行周期性更加弱化。银行业的盈利能力比较稳定，但中国银行业未来将面对利差逐步缩小和可能到来的利率市场化，还有房地产和金融风暴导致大量企业倒闭带来的呆坏账爆发的可能性。

2. 房地产

房地产的价格和需求虽然波动较大，但波动速度和幅度小于工业品行业，而且产品具有多样性、差异化的特性，某些地区的产品还具有资源垄断的特征。龙头企业具有较好的抗风险能力，行业低谷可以带来低成本并购的机会，行业需求刚性和确定性较高。

3. 证券

证券业的价格具有相对稳定性，需求波动性很高。比较特殊的是投资者身处证券行业，周期转换比较明显，通过估值、成交量等指标比较

容易判断出行业拐点。

4. 保险

保险实际上不属于周期性行业，但投资收益会呈现阶段的强周期性，中国保险主业的高速增长使波动性弱化。如果不是遇上大牛市或大熊市，保险业的周期性并不明显。应该注意的是，在充分竞争的市场环境中，保险业是容易发生价格战的行业。为了获得暂时的市场份额和领先地位，可能出现非理性的保单设计。保单大部分都延续几年或几十年，坏的结果可能很长时间后才显现，投资者难以评估其中的风险。这就是保险行业的周期性。但是保险的好处在于一旦签了保单，业绩较稳定。

5. 汽车

汽车业车型换代迅速，技术更新较快，属于重资产型，行业竞争激烈，对油价敏感，影响利润的因素较多，对盈利的判断比较困难。即使是景气度高峰期，不同企业的盈利能力也各异，提升幅度未必都很高，属于（行业）糟时可能（企业）很糟，（行业）好时（企业）未必好的行业。从美国的经验来看，汽车行业的景气周期一般为 3～5 年，而库存的出清周期一般是 2～3 年。

6. 航空

航空业竞争激烈，恶性价格竞争经常出现（经常出现两到三折的价格），固定成本高昂，资本性开支庞大，运营成本随油价和汇率巨幅波动，航空业的行业特性使其盈利能力低下。

银行、房地产、证券、保险这四个行业与日常生活联系紧密，投资者可以比较容易、直观地感受行业的冷暖，而且影响盈利的因素比较简单，相对而言更具可预测性（银行与宏观经济的密切性增加了预测判断的难度），是投资周期性行业较好的选择。汽车和航空的行业特性决定了它们不是好的投资标的。

（二）工业类周期性行业

工业类周期性行业包括有色金属、钢铁、化工、水泥、电力、煤炭、石油、工程机械、航运、装备制造等。这些行业与宏观经济相关度很高，宏观经济复杂多变，基本不可预测（众多著名经济学家的预测往往也是错误的）。而且产品价格波幅巨大、下跌迅猛，需求变化迅速且周期长，有时投资者根本没有反应的时间。产品成本受原材料影响明显，基本上属于重资产型。投入—产出周期长，行业景气度高峰期大量的资本支出带来庞大的折旧和摊销，利润对产量的变化极为敏感，行业低谷时规模调整弹性小，影响盈利的不可测因素很多，所以盈利呈现高度的波动性，判断周期拐点的难度也较高。另外，化工、电力、石油等受政府价格管制的行业存在盈利意外下滑的可能性。

工业品行业巨大的波动也带来高收益的机会，只是这种机会不是普通投资者容易把握的。特别是一些长周期行业，如有色金属，"踏错节奏"也许不是几年而是十几年才能解套。然而正是有色金属、石油、煤炭、黄金、钢铁这类资源性"上游"行业产品单一，同质性强，大宗商品期货市场或商品价格指数对产品价格趋势和行业景气度有直观明确的指导性（航运也有类似的指数），根据产品价格区间判断行业拐点更容易。价格指数通常有一定的运行区间，虽然随着时间的推移，区间会有所改变，但只要采集足够长的周期的数据，就可以得出大概的规律。上游行业的利润波动性更大，风险也更高。

"中游""下游"行业产品种类纷繁复杂，不同历史时期各细分子行业的情况迥异，使行业周期的判断更加困难。由于产品的差异性，没有简单直观的价格指数作为判断依据，更依赖于宏观经济和各子行业的具体情况来判断行业周期。

除此之外，周期性行业往往存在较强的行业间相关性，使把握周期性行业的投资时点成为关键。一般来说，把握周期性行业的投资时点可从实体经济、货币金融环境两个变量出发，综合考虑投资环境的风险偏

好，在找到基本面和估值出现预期差的情况下进行投资（见图 2-1）。

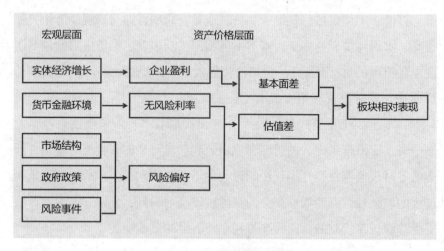

图 2-1 市场风格分析框架

二、工业类周期性行业的研究方法

正如前文所述，一般称有色金属、钢铁、化工、水泥、电力、煤炭、石油、工程机械、航运、装备制造等行业为工业类周期性行业。它们受到宏观周期的影响很大，其中水泥、钢铁、基础化工、有色金属、煤炭是偏早期投资的品种，工程机械、石油是偏中期投资的品种，电力、航运、装备制造等是偏后期投资的品种。

所谓的早、中、后期划分，可以用以下情景分析来体会：

在某次经济风波过后，高层决定以增加投资的方式来刺激经济，因此下达了开展大规模基建的经济刺激计划的命令。

　　在得知消息后，工程机械开始生产，同时要考虑修路、铺铁轨等工作所需购买的原材料。原本因经济周期偏弱，很多原料方，例如采矿厂、煤窑厂等都已经停工，突然而到的大订单使原材料的价格开始飙升，同时所属行业的企业盈利性突然转好。基建和制造机械的原材料——钢铁的价格开始上升，工厂盈利转好。其他辅料类生产机构，例如水泥厂和生产某些建筑材料的化工企业都开始纷纷运作，纷纷备货。

　　之后才是机械工程厂加紧备货、出货。慢慢地，经济指标上去了，所有的参与厂商都希望扩产，较长期的设备投资——大型石化冶炼等，相关投资商也愿意去融资投资，这才拉动了一些中周期的周期产品。经济的景气，反映在发电指标的好转。

　　这些经济活动，其实在股票市场里也得到了较好的反映。这些周期性行业的收益时间和方向没有太大的差别，反映到股票上，其价格走势高度一致（见图 2-2 和表 2-1）。

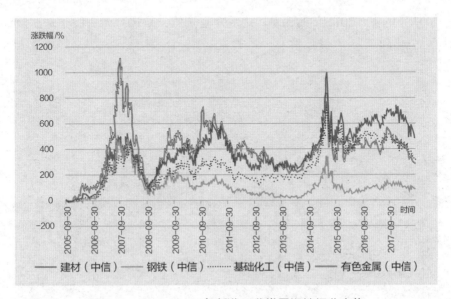

图 2-2　2005—2017 年部分工业类周期性行业走势

资料来源：Wind

表 2-1　工业类周期性行业的指数涨跌相关系数

	建材	钢铁	基础化工	有色金属
建材	—	81.31%	89.57%	81.06%
钢铁	81.31%	—	77.39%	77.51%
基础化工	89.57%	77.39%	—	81.85%
有色金属	81.06%	77.51%	81.85%	—

资料来源：Wind

有色金属

对于有色金属类行业，有几点需要注意：第一，各金属尤其是工业金属的价格走势高度一致。自 2002 年以来，工业金属价格基本是同涨同跌的（见图 2-3）。2007 年和 2011 年牛市，基本上反映的是某种金属的价格弹性更大而已，不会与价格走势的趋势相反。因此在投资时，要更关注有色金属行业的整体行情；把握价格弹性最大的那种，例如 2007 年的镍、2011 年的锡等；之后才是选股，是选择龙头股还是被低估的黑马股。

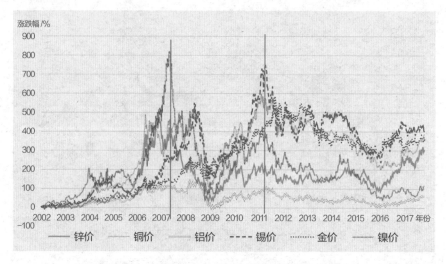

图 2-3　2002—2017 年部分金属的价格走势

资料来源：Wind、海通证券的《海通有色行业交流》

第二，有色金属行业间往往存在着某些"神秘"的相关性。这种相关性有一定的经济学意义，但有些时候仅有统计意义。需要重视的是，找到逻辑的相关性，关注这种逻辑是否会重复出现，并应用于投资。

例如铜和原油价格就存在比较好的相关性（见图 2-4），其背后的意义（但并不是全部）是它们的供需相对较稳定，都受到美元的强力影响。在近 20 年的周期里，如果美国出现内部过度消费的情况，导致大量贸易逆差，一般就会出现弱势美元。弱势美元往往伴随着经济的好转，因为居民可支配收入增加才会去消费，这样反而拉动原油的价格，且消费半导体、汽车等耐用消费品支出的增加拉动了铜价。就像这样，这种相关性的背后有一定的意义。

图 2-4　铜和原油价格走势

资料来源：Wind、海通证券

第三，有色金属上市公司的股价和其产品价格不一定存在强相关的关系。股价反映产品价格，这是很多投资者的一个心理误区。实际上上市公司股价的影响因素很多，可能最大的因素反而是股票市场整体或者大盘走势。笔者曾经用量化手段对数十家有色金属上市公司的股价和产

品价格做过研究，发现除了极个别行业（例如黄金）的股价和产品价格相关性强之外，其他行业基本都是弱相关（相关系数低于 0.2）。不过，当产品价格连续上涨，上涨时间超过数周而股价仍然没有反映时，可能就需要注意了，因为这也许是市场的误判。

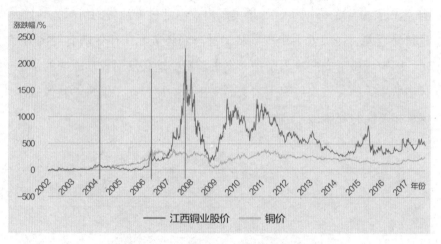

图 2-5　江西铜业股价和铜价的走势

资料来源：Wind、海通证券

　　在处理有色金属类公司的投资机会时，关注产品走势的连续性和价格上涨的逻辑合理，比单纯根据价格判断更有效。更深入的研究永远是必要的。

　　第四，选股时，对有色金属（可延伸到所有工业类周期性行业）价格的判断要优先于估值。行业内有句老话："估值最高时卖，估值最低时买。"由于有色金属的价格变化较剧烈，当产品价格好转开始往上走时，往往上市公司的盈利还未好转，处于低谷中，PE（股票的市盈率）倍数往往很高甚至为负。这时候应该做多周期股，反之则是卖出的时机。但估值的高低、价格的波动都是参考量，判断准确的买卖时机是极难的，而且难以持续盈利。

第五，在传统工业金属之外，自 2010 年开始，小金属（稀土、锂、钴等）越来越受到投资者的关注。在很长一段时间内，传统工业金属和黄金股都表现平平，小金属类股票价格却连续创新高。小金属行业的崛起与新兴产业（尤其是消费电子和新能源汽车）的崛起关系密切。小金属和工业金属的研究体系有所不同：小金属没有 LME（伦敦金属交易所）这样有连续报价的平台，普通投资者必须去行业协会或中间商那里获得价格走势；小金属的供需研究需要有很好的把控力和判断力，投资者要勤快地调研才能获得一手信息，对投资者的研究能力是比较大的考验。

建材

建材行业是大周期品种。建材行业又可细分为周期品类建材、装饰建材和新材料等。其中周期品类包括水泥、玻璃、PCCP（预应力钢筒混凝土管）、耐火材料等子行业，它们是建材行业中周期属性最强的一类。

对于水泥和玻璃的需求，一般要拆分具体的需求来源。例如将水泥需求分解成基础设施建设、房地产投资和农村市场。（见图 2-6）这些

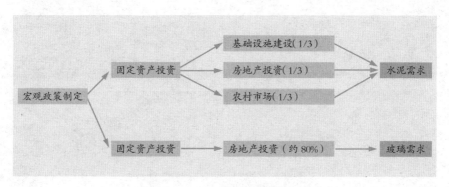

图 2-6 建材行业的研究思路

资料来源：Wind、《建材行业研究方法》

投资的规模和增长比例，一般可以通过当年的财政计划和趋势来判断。假如某年财政计划提及当年基础设施投资投放增长为10%，就可以大致判断其需求的变化范围。

对于需求侧，预判其变化范围还要重视周期的作用。投资有几大周期：康波周期、地产周期、产能周期和库存周期等。康波周期是最长的周期，一般是50~60年。其次是地产周期，号称"周期之母"，一般是20年左右。产能周期是10年左右。库存周期是3年左右。2016年玻璃价格的暴涨，就是一轮典型的库存周期行情。

除此之外，建材还有季节性的波动，例如第一、第三季度淡季跌价，第二、第四季度旺季涨价。这是小级别的年内价格变化规律。对于股票市场而言，每年的春节过后，建材行业股票往往会出现一波行情，即所谓的"春季躁动"。这种行情出现的原因是投资者对春节后推出较大规模的基建往往有所预期。在国庆节前后，建材行业股票有可能出现大涨，也是对财政刺激的预期体现。例如2012年9月本是水泥的价格低谷，但当年发改委网站上突然出现了很多基建项目，投资者预期从悲观转为乐观，随后出现快速上涨。

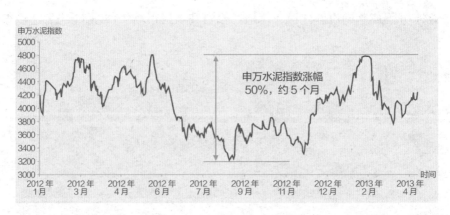

图 2-7　建材行业的季节波动

资料来源：Wind、海通证券

钢铁

钢铁是非常值得研究的工业类周期性行业。因为钢铁是一种标准化产品，螺纹钢、热轧卷板等品种在上期所挂牌，成交量较大，比较好地反映了实际供需情况，使钢铁成为比较好入手、研究方法较多的品种。同时，钢铁是国家工业生产的命脉之一，对于把握整个宏观经济形势有一定意义。

研究钢铁，首先要知道钢铁行业的"上下游"生产关系。图 2-8 较好地表现了钢铁行业的生产流程。钢铁产品具有相当强的类似性，其源头都是生铁。而生铁一般是从高炉炼铁开始，成本主要源自焦炭、铁矿石等（见图 2-9）。如果不考虑添加废钢，那么制造成本一般满足下面的经验公式：

$$生铁制造成本 = \frac{1.6 \times 铁矿石 + 0.5 \times 焦炭}{0.9}$$

公式中的 0.9 是因为包括辅料、燃料和人工费用在内的其他成本占比约 10%。

钢铁行业如果高度景气，对焦炭和铁矿石的需求就会较高。铁矿石主要来源于进口，国内矿由于含硫较多而作为补充。2017 年铁矿石产量预计达到阶段的峰值 21.48 亿吨，之后几年的增速估计为 2%。从总量来看是比较充沛的，暂时不存在非常短缺的情况。2017 年全球四大矿山产品占了一半，这样的强势托拉斯垄断，国内钢铁企业如果分散去谈判，对议价是非常不利的。这也是促使国内钢铁企业不断整合的原因之一，宝武钢铁集团这样的巨头出现是顺应时代潮流的。再看需求，2017 年铁矿石消费约 19.84 亿吨，往后的增速大概是 0.6%，其实从全球来看是比较宽松的，尤其是中国有了一定的废钢储备和地产基建需求下滑后，铁矿石需求不会像前几年那么多。

研究钢铁的重点还是预判需求和供给（见图 2-10），尤其是需求，但近几年来供给侧因受到供给侧改革的影响而有一些有趣的变化。需求

是影响钢铁价格、企业盈利、供求关系的核心因素。钢铁行业需求主要由内需、出口及库存组成，其中内需主要包括建筑业、机械、汽车、家电等。建筑业为房地产+基建，需求占比60%左右（见图2-11），是影响钢铁需求的主要变量。

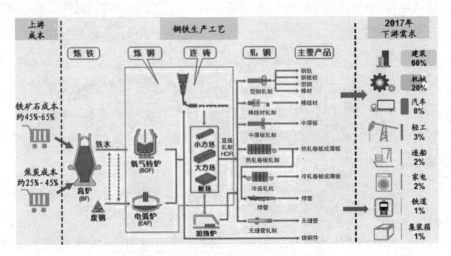

图 2-8　钢铁行业的"上下游"关系

资料来源：广发证券的《钢铁行业研究方法探讨》

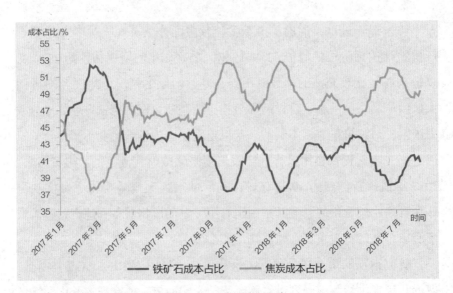

图 2-9　生铁制造成本

资料来源：广发证券、钢之家、Mysteel

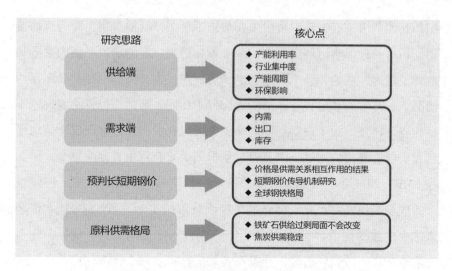

图 2-10　钢铁产业需求、供给分析框架

资料来源：国泰君安证券的《供需变换与周期轮回》

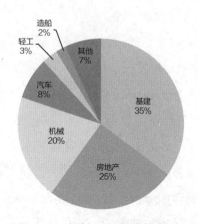

图 2-11　钢铁行业需求侧分析

资料来源：Mysteel、广发证券

　　房地产一般属于私企投资范围。判断房地产的需求在一定程度上就是判断开发商的建造需求。在判断房地产建造需求时，要注意利率是决定房地产投资的关键，它通过影响企业的资金来源和居民的举债意愿影响房地产销售，进而影响房地产投资。房地产开发投资取决于建安费

用和其他费用，其中建安费用主要与施工相关，其他费用主要为拿地费用。利率通过影响房地产商的资金来源和销售，影响房地产商的拿地和新开工行为，拿地和开工共同决定了房地产投资。在高库存和低库存的情况下，开发商拿地和新开工的行为各不相同，房地产投资的表现也不尽相同。此外，除了观察利率之外，也可以查看当地的房产成交信息平台和安居客等报价网站，以及通过草根调研来获得更直观的感受。例如在 2016—2017 年，虽然一线城市的地产投资并不明显，但三、四线城市的成交和投资都是比较活跃的（棚改政策拉动）。棚改为房地产资金来源中的重要变量。自 2014 年以来，棚改力度逐渐加大，且货币化占比逐渐走高。按照住房城乡建设部披露的数据，每套棚改住房的面积约85 平方米，折合 2017 年货币化棚改贡献销售面积的 17.9% 左右。有时候开车在所在地考察，或者出差的时候打听一下当地新开楼盘的数量，都能够帮助投资者理解房地产的情况。

此外，根据 Mysteel（我的钢铁网）的统计，基建是钢材消费的主要方向，超过 1/3 的钢材被投入基建。要判断基建相关的进展情况，一个很重要的研究方法是研究国家的政策走向。作为逆周期的工具，基建投资在下行周期有托底经济的作用，预测基建资金的来源能有效预测基建投资状况。基建投资是反映一定时期内基本建设规模和建设进度的综合性指标。当经济增速放缓时，政府将加大基建投资以刺激市场消费。从基建投资资金来源角度分析，自 2005 年起，基建投资来源和支出的增速基本吻合，二者增速波动幅度大，常年维持在 20% 左右。2009 年GDP 增速明显下滑时，基建投资来源和支出的增速均出现明显峰值。这些变化的规律，投资者可以大致以逆势思维从宏观政策中获知。

如果想更好地跟踪基建投资，投资者可以从以下渠道获得信息：

＊高频数据：基建投资完成额同比增速、PPP（政府和社会资本合作）落地率、公共财政支出（代表资金到位，但固定资产投资完成额对应的是项目交付，有不同程度的时间滞后）等。

＊《政府工作报告》：当年预期实现的固定资产投资、重点项目投资或基础设施投资。

＊行业未来发展规划或"十三五"规划等：在规划期间需要达到的投资额。

此外，机械行业也是用钢"大户"。判断机械行业主要是跟踪工程机械（挖掘机、装载机、起重机、叉车等），而工程机械在一定程度上又是跟房地产、基建周期紧密相连的，因此重中之重就是判断地产与基建。对于汽车而言，由于其只占需求侧约 8% 的比重，因此不再赘述。

钢铁供给侧的研究相对而言比较简单，投资者可以关注工业和信息化部公布的钢铁行业产能利用率——企业产能利用率较高时，说明产品供不应求，其盈利的弹性远大于产能利用率较低时。自 2017 年以来，我国钢铁企业的产能利用率维持高位，利润维持在较高水平。我国钢铁行业产能利用率逐渐回升，且维持高位。我国钢铁行业产能利用率在 2017 年回升至 83.46%，钢铁企业普遍盈利。2018 年，由于供给侧改革、环保政策的不断深入，且需求稳定，产能利用率维持高位。

从 2015 年开始，全国推行供给侧改革、执行环保限产政策，这对钢铁供给方面是最大的不确定性。区域性的环保限产可能导致局部地区的供给突然下降，使没有太多冬季限产任务的南方钢铁企业盈利要好于北方钢铁企业。冬季供给的收缩还打破了淡季的规律，推高了钢价。

三、消费类周期性行业的研究方法

正如前文所述，消费类周期性行业兼具周期与消费行业的某些特

征。一般对于经济周期而言，消费类周期性行业是比较滞后的。下文继续以前文中的例子来予以解释：

在某次经济刺激之后，水泥、钢铁厂大量生产备货，基建、房地产开工。开工即需要招工，从基层的水泥、钢铁厂招工，到"中游"的机械制造厂招工，然后相关食堂等都开始招工。城市开始有了地产建造，失业率下降。整个经济进入复苏阶段。

地产和基建都需要贷款的介入。这时候银行开始给相应企业贷款，同时经济复苏后，人们购房的冲动增加，于是个人房屋贷款也开始增加。大家的钱袋慢慢充沛，贷款相对谨慎，因此负债率不高。银行的坏账率也不高，贷款质量较高。

随后，随着经济好转，大家开始购车，开始将多余的钱用于购买证券、保险，开始更多地出行来进行商务活动或旅游。这一切活动可能慢慢过热，表现在人们过度借贷去购买房子、车子，或者用于其他消费。最终银行坏账率增加，房地产企业积压库存过高而盈利增速放缓。这是经济由过热慢慢走向衰退的典型过程。

银行在这个经济过程中起到了非常重要的作用，因此下文先介绍银行的研究方法。

银行

银行在国民经济中占据重要的地位。从市值来看，银行在沪深300中市值占比常年维持在20%以上。海外也是一样，在美国股市，银行是重要的支柱性板块，市值常年在15%以上。这表明银行是一个重要的值得研究的板块。

A股的银行上市公司主要是"国有五大行"、股份制商业银行和城市商业银行。

"国有五大行"又称为"国有大型商业银行",即中国工商银行、中国农业银行、中国银行、中国建设银行和交通银行。除了交通银行以外,分支网点都有 1 万～2 万家,遍布全国。从股东来看,目前中国工商银行、中国农业银行、中国银行、中国建设银行是由汇金持股,而交通银行是由财政部直接持股。但考虑到汇金实际上是财政部控股,所以"国有五大行"实际上都是由财政部控股。财政部对下属上市公司的要求是分红比例至少为 30%,所以"国有五大行"是非常好的红利性投资品种。

银行的"第二梯队"是 12 家全国性中小股份制商业银行,包括中信银行、中国光大银行、华夏银行、广发银行、平安银行、招商银行、浦发银行、中国民生银行、兴业银行、浙商银行、恒丰银行、渤海银行。其实说小也不小,从营业网点上看,这 12 家股份制商业银行虽然没有"国有五大行"多,但也具有在全国开设网点的资格且不需要审批,大多有 600～3000 家网点。这 12 家银行大都已经登陆 A 股,并且是重要投资品种。

从 2007 年开始,城市商业银行和农村商业银行也开始登陆 A 股。2014 年之后,中小地方商业银行的上市速度加快。它们是我国银行体系的"第三梯队",特征是异地经营审批严格。目前全国有 130 多家城市商业银行、900 家以上的农村商业银行和农村合作银行。已在 A 股上市的城市商业银行有北京银行、上海银行、杭州银行、贵阳银行等,农村商业银行有张家港行、常熟银行、江阴银行等。

银行的业务看起来是比较复杂的,从大的方面来看,银行业务类型分为资产业务、负债业务和中间业务三种(见图 2-12)。可以简单理解为资产业务是用资产收益给银行提供收入的来源,包括贷款业务、债券投资业务和同业业务等。负债业务通常又被称为"负债端",一般是银行吸储造成的负债(被动负债)和同业拆借等造成的主动负债。对于中间业务,银行一般不动用其资本金和负债端,扮演纯"居间人"的角

色，也可以将中间业务理解为一种轻资产业务。

在银行板块里挑选银行股，很重要的就是分清上市公司的特色，及其在上述几个业务的轻重比。例如，有的银行是贷款业务占大头，主要业务收入来源都是存贷利差形成的利润，这种情况在某些股份制银行里比较常见。因此在研究分析这些上市公司时要注意它们的贷款投放情况、负债端的成本以及贷款质量（违约）情况等。有的上市银行的中间业务在利润来源中占比较大，甚至占到10%以上，相对而言，这种上市公司受到经济周期的影响更小些，更加偏向于消费的属性。

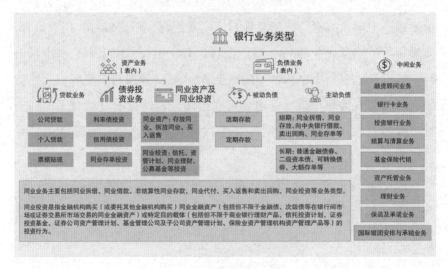

图 2-12　银行业务概览

资料来源：天风证券的《我们如何研究银行股——银行业研究小册子》

研究银行股，现金流量表并不重要，重要的是看懂银行的资产负债表，了解银行每种资产属性的变化情况，它是研究银行资产盈利质量的重中之重。

从银行的大致资产结构来看，信贷应该是大头，一般占整个资产的50%以上；其次，同业类是短期流动性调剂；再次，债券类是长期流动性储备；非标是2011年后兴起的，是信贷的补充，但受到监管影响，

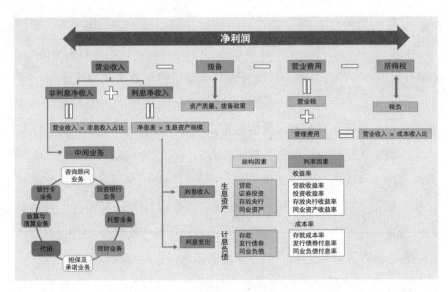

图 2-13　银行净利润拆解

资料来源：天风证券

非标占资产端比例在 2017 年开始已经明显下滑。海通证券曾做过上市银行总资产分类分析，结果如表 2-2 所示。

表 2-2　2017 年上市银行资产分类

	科目名称	科目余额 / 万亿元	大类余额 / 万亿元	占比 / %
现金类	现金及存放中央银行款项	17.1	17.91	12.1
	贵金属	0.8		
同业类	拆出资金	3.4	8.41	5.7
	存放同业和其他金融机构款项	2.3		
	买入返售金融资产	2.7		
债券类	以公允价值计量且其变动计入当期损益的金融资产	3.1	32.36	21.8
	可供出售金融资产	11.5		
	持有至到期投资	17.8		
非标或其他资管计划	应收款项类投资		9.62	6.5
信贷类	发放贷款及垫款	75.4	75.42	50.8
其他资产			4.35	2.9

资料来源：海通证券的《银行业研究方法》、Wind

在银行资产中，现金类的风险和收益都是最低的。现金类主要受两方面的影响：存款基础和存款准备金率。一般来说，农村商业银行、"国有五大行"的存款基础比较好，存款造成的现金留存相对较高。

同业资产和负债对很多普通人来说是比较陌生的，但对银行来说非常普遍。银行每日都有大量的资金需求和富余，为了达到资金效率最大化，就会在同业银行间进行拆出和拆入资金，也可以理解为借出和借入。这种大量的资金交换，也是现在银行间资金市场形成的基础。拆借过程一般是 A 银行将手中的一些标的卖给 B 银行，从 B 银行中借到资金，并且约定到期后反售；等到拆借期满，B 银行就向 A 银行反售质押标的物，这些反售标的物一般是债券等，之前也出现过票据和非标。

债券投资对某些银行来说是非常重要的利润来源，一般在资产负债表中计入交易性金融资产、可供出售金融资产和持有至到期投资等科目中。非标债权投资一般是银行所喜欢的，因为它不适用贷款的监管要求，不占用贷款额度，IFRS9（《国际财务报告准则第 9 号——金融工具》）之前不提拨备。但自 2017 年以来，银行自营直接投资非标债权的业务大幅受限，同业理财投资规模也下降，这时银行转为更多地投资公募基金，也是免税的。

贷款是所有资产端中风险最高的。按照发放对象来分，信贷资产有公司贷款、零售贷款和票据贴现等。从统计数据来看，全国银行对企业和居民的贷款发放规模差不多，前者略高一点。在公司贷款中，制造业、批发零售业、采矿业不良率相对较高；在个人贷款中，汽车贷、信用卡贷款、个人经营性贷款不良率较高，住房贷款不良率最低。正如前文所述，贷款类业务对很多银行而言仍然是大头，因此贷款数据体现了上市银行的内控力度和资产质量。逾期贷款率、关注贷款率、不良贷款率都是需要密切观测的。

从负债端来看，主要是一般性存款，因为这部分资金成本低廉；银行向央行借款也是重要的一部分，与此相关的便是我们经常听说的逆回购、MLF、SLF、PSL 等货币投放工具；负债端大头就是同业负债，主要是拆入资金、同业存放、卖出回购等项目。投资者耳熟能详的还有银行次级债、优先股等，这些是银行从资本市场融资得来的资金。一般来说，银行在资产规模扩大到一定程度后，会产生资金紧张，这时向资本市场融资也是顺理成章的。

央行逆回购是指中国人民银行向一级交易商购买有价证券，并约定在未来特定日期将有价证券卖还给一级交易商的交易行为。就是获得质押的债券，把钱借给商业银行。目的主要是向市场释放流动性，当然，同时可以获得回购的利息收入。具体操作是央行把钱借给商业银行，商业银行把债券质押给央行，到期的时候，商业银行还钱，债券回到商业银行账户上。

MLF（Medium-term Lending Facility，中期借贷便利）于 2014 年 9 月由中国人民银行创设，是中国人民银行提供中期基础货币的货币政策工具，对象为符合宏观审慎管理要求的商业银行、政策性银行，可通过招标方式开展。发放方式为质押方式，并需提供国债、央行票据、政策性金融债、高等级信用债等优质债券作为合格质押品。

SLF（Standing Lending Facility，常备借贷便利），是全球大多数中央银行都设立的货币政策工具。借鉴国际经验，中国人民银行于 2013 年年初创设了常备借贷便利。它是中国人民银行正常的流动性供给渠道，主要功能是满足金融机构期限较长的大额流动性需求。对象主要为政策性银行和全国性商业银行。期限为 1～3 个月。利率水平根据货币政策调控、引导市场利率的需要等综合确定。常备借贷便利以抵押方式发放，合格抵押品包括高信用评级的债券类资产、优质信贷资产等。

PSL（Pledged Supplementary Lending，抵押补充贷款），

是指中央银行以抵押方式向商业银行发放贷款，合格抵押品可能包括高信用评级的债券类资产、优质信贷资产等，也是一种基础货币投放工具。

中间业务收入一般包括银行卡手续费、理财业务手续费、信用承诺手续费、投行业务手续费、代理业务手续费、结算与清算手续费、汇兑收益、公允价值变动收益等。

理解银行的基本业务，逐步搞清银行的资产负债表是一个循序渐进的过程。除此之外，要注意银行与经济周期的联系是非常紧密的。如图2-14 所示，银行是周期性较强的行业，这也是将银行归为消费类周期性行业的原因。银行板块的上市公司较多，但差异不太大。银行利润增速的最好时点是信贷干涸、存款准备金率较高的时候；但股价上的反映往往会提前或滞后很久。以个人经验来看，投资银行要判断盈利的景气情况，很多时候是一种投资组合的战术性处理，例如利用其权重较大跟住指数上涨的节奏，或者利用其预期差在市场情绪最低迷时介入等。值得注意的是，A 股目前的银行股估值都很便宜，但并不是买入银行股的主要原因。2010 年之后，银行估值被持续压缩，从 PE 20 倍压缩到目

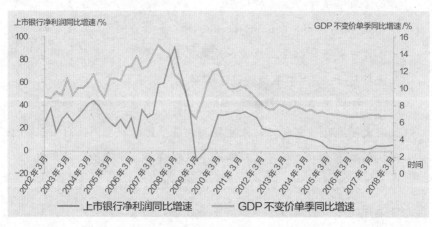

图 2-14　银行净利润与 GDP 高度相关

资料来源：海通证券、Wind

前的长期 10 倍以下。银行的低估值在国外也是有先例的。需要强调的是，估值从来不是周期股买入的标准！

保险

保险行业也是非常重要的权重板块。相对而言，保险的周期属性不是特别强；近几年随着消费类保险额逐步上升，呈现出一定的消费属性。A 股保险行业目前的市值很大，有像平安、人寿、新华这样的保险巨头，主要业务来源是寿险，因此下文主要就寿险来进行研究。

先从保险业务的几个收入来源来看，即人们常说的三差——利差、死差、费差。以某理财型保险为例（见图 2-15），该保险约定在投资本保险产品之后的一段时间（30 年）之后，购买者可以获得一定的本息收入。在这种情况下，通过计算可以发现投资者实际上在这 30 年的投资收益是 3.5%，换算到保险公司侧，也就是负债成本是 3.5%。因此，保险公司若要盈利，其投资收益须超过 3.5%，超过部分就是利差。

在这个案例中，如果此保险品种添加了保障型条款，例如"本产品约定在投保期间，如果被保险人发生意外死亡等突发事故，则受益人有权获得 ×× 万元现金补偿"，那就需要进一步计算在一般情况下发生意外死亡的概率，假设在全保险期间这个概率是 1%，但如果实际死亡发生概率超过 1%，保险公司在"死差"上就是负贡献，否则就是正贡献。

费差的意义也类似，反映全保险范围中的各种费用。如果实际赔付的数额大于模型，那么在费差上是负贡献。

一般来说，保险公司都会有一个模型库。除了利差是随市场波动，不容易估计之外，死差和费差都是根据大量的先验数据进行推算，具有较强的可靠性。所以在一定程度上，数据是保险公司内控和盈利的核心。

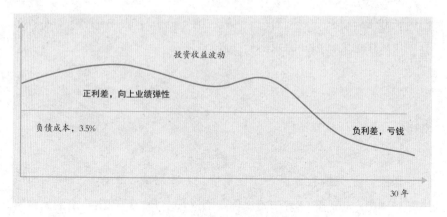

图 2-15 某理财型保险产品

保险公司盈利的差别在哪里？对于寿险公司而言，这种差别体现于保险公司在渠道中的议价能力、保险产品的复杂程度和对客户的吸引力程度、保障功能和储蓄功能占比、法律法规对产品定价的限制。每份保险定价假设和实际经验之间的差值，就是这份保单贡献的实际利润。（见图 2-16）

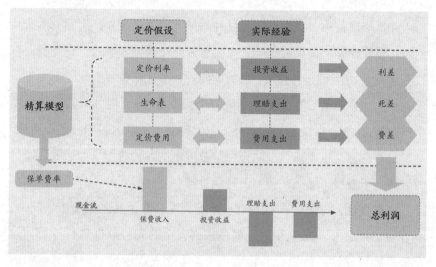

图 2-16 保险公司的盈利模式

资料来源：海通证券的《非银行金融（保险／券商）研究方法》

准备金也是保险的重要概念。保险准备金是指保险人为保证其如约履行保险赔偿或给付义务,根据政府有关法律规定或业务特定需要,从保费收入或盈余中提取的与其所承担的保险责任相对应的一定数量的基金。为了保证保险公司的正常经营,保护被保险人的利益,一般都以保险立法的形式规定保险公司应提存保险准备金,以确保保险公司具备与其保险业务规模相应的偿付能力。而这些偿付能力,我们可以通过保险公司定期公布的核心偿付率等获得。

那么怎么确定保险公司的利润呢?

$$保险公司的当期利润 = 保费 + 投资收益 - 费用 - 理赔支出 -$$
$$红利 - 准备金提转$$
$$准备金 = 未来支出现值 - 未来收入现值$$

由此可以看出,保险公司的利润受到准备金的影响是很大的。当准备金假设保守些时,期初提取的准备金金额越大,利润越往后移;准备金假设越激进,期初提取的准备金金额越小,利润越往前移。因此各家保险公司的当期利润是有很大差异的,在比较保险公司的估值时,PE指标只能作为参考,而不是最优的。

既然保险公司的保单具有刚性,也就是选择期交这种模式后,未来一段时间的保费缴纳金额是相对锁定的,因此考查保险公司未来保单的价值,或者说现有保单未来利润的现值,是非常重要的。这就涉及保险公司的内含价值(EV)。通俗地说,内含价值是在没有考虑公司未来新业务销售能力的情况下现有公司的价值,可视为寿险公司清算转让时的价值。内含价值是对一家寿险公司经济价值的估计,不包括未来新业务产生的价值(NBV),直接反映寿险公司当前的经营成果,它由有效业务价值和调整后净资产价值两部分构成,反映在某个评估时点之前已经生效的业务的价值。调整后净资产价值一般是指资产市值(可包括所有不良资产)扣除负债后的数额;而有效业务价值则是扣除要求资本成本后,目前业务未来可作为分配的折现现金流量。

保险公司 EV= 期初 EV+EV 预期回报 +NBV+ 营运偏差 +

投资偏差 + 假设变更及其他

在上述公式中，期初 EV 是比较固定的，也可从保险公司公开资料中获得。如果对上市公司提前做预判，主要是预测 EV 预期回报、NBV 和投资偏差。由内含价值的定义可知，P∶EV（价格和内含价值比）是比 PE、PB（平均市净率）更加靠谱的保险行业估值指标。当 P∶EV 低于 1 倍时，反映的是类似于制造业公司股价跌破净资产的意义，往往具有较好的长期投资价值。

和银行一样，保险行业公司的差异也不大。那怎么看保险行业的买卖时点呢？

首先，保险也是一个周期性行业和权重行业，在牛市时，配置保险是跟得上指数的手段之一。

其次，保险行业具备一定的内生性增长能力。通过比较可以发现，在发达国家，例如日本，人均保费可以达到 2 万元以上，而我国刚超过 2000 元。目前养老险、医疗保障险在我国的覆盖密度都很低，未来有很大的增长空间。

再次，是保险的结构。一般来说，保单的期缴时间越长，对保险公司的盈利越好。自 2015 年以来，我国曾经大卖投连险，它对保险公司而言，实际上是一种附加值不高的产品，只是增加了保单销售量而已。相对而言，重疾险等反而是一种盈利性很好的险种。

最后，保险公司的重要业务是销售和投资。销售端的优化，保险代理团队效率的提升和费用的下降对保险公司是直接利好。投资端则直接决定着利差。

总之，保险是消费类周期性行业中为数不多的值得重点研究和长期投资的品种之一。

证券

证券行业是和股票市场周期密切相关的一种行业。

证券行业的核心就是五大业务：经纪、投行、自营、资产管理和创新业务。

经纪业务是大多数证券公司的基础和核心业务，但也是波动性最大的一种业务。经纪业务的盈利模式是：

经纪业务收入 = 公司股票保有份额 × 换手率 × 佣金率

一家公司的客户绑定之后，其股票的保有量往往是较固定的，所以盈利性取决于换手率和佣金率。换手率一般在牛市时较高，在熊市时下降。同理，佣金率也是一样，并且由于 A 股股票市场长期不景气，佣金率从 2007 年开始一直下滑。

投行业务和经纪业务有一定相关性。在牛市时，一般 IPO 的速度会加快，这样投行业务的收入也会增加。近几年，投行业务有了新的进展，一方面是 IPO 的发行日益常态化，另一方面是各家证券公司积极开拓并购业务和香港市场 IPO 业务，使投行业务慢慢成为证券公司较稳定的一个收入来源。

自营业务是证券公司利用资本金进行证券投资的业务，这项业务一方面随着股票市场和债券市场波动，另一方面受公司投资能力的影响。对一些证券公司而言，确实有长期投资的超额收益。

资产管理业务也是相对而言周期性较弱的一项子业务，主要收入来源取决于资产管理规模和平均费率。国外经验表明，优秀投资银行（与国内证券公司基本一样）的资产管理业务可以占到总收入的20%以上，成为"熨平"市场波动的重要业务。

创新业务一般指融资融券和衍生品业务等。融资融券业务和经纪业务相关性很大，在牛市时能带来大量收入。衍生品业务包括创设期权、收益互换等业务。国内一些领先的上市证券公司有比较优秀的创新业务

团队，在股票市场疲弱的时候创造各种金融工具。

证券行业的业务比较清晰、明了，在此不再赘述。但值得一提的是，如果在证券行业中选股，根据笔者的投资经验，一是找长期成长的阿尔法，证券公司雷同性很强，但确实有部分公司，尤其是内控较严、重视创新业务的公司，通过业务创新等做出弱行业周期属性的业务。这类公司一般经纪和自营业务占比相对较小，在熊市时也能保持不错的盈利。二是找弹性好的公司，例如某些上市公司基本是经纪和自营业务，有些公司甚至连自营业务也没有，这类公司业务清晰、明了，在牛市时是博取弹性的主力品种之一。

房地产

房地产曾经是拉动我国经济的重要引擎。房地产牛市（房价和销售面积）已经持续了近15年，目前对经济的影响力降低了不少，但仍然是一个重要的产业。

房地产对经济的影响，不仅体现于房价，也体现于它是钢铁、建材甚至工程机械行业的重要引擎。虽然现在对房地产的负面评论很多，但不可否认的是，房地产是周期性行业，而且是整个经济的重要变量之一。在美国，重要的地产类指标主要是：房地产按揭贷款利率、新屋开工、新屋销售、MBA抵押贷款购买指数、NAHB房地产市场指数、OFHEO房地产价格指数和Case-Shiller房价指数。

> MBA（美国抵押贷款银行协会）抵押贷款购买指数是对抵押贷款活动进行的调查，涵盖了超过75%的美国零售住宅抵押贷款申请活动，大多数购房者都会申请抵押贷款。如果指数上升，预示着房地产市场好转。

NAHB 房地产市场指数是全美住房建筑商协会（NAHB）与富国银行（Wells Fargo）根据对建筑商的调查，制作出的数据，通过衡量建筑商对未来房地产市场的看法来预测未来房地产市场走势。该指数反映的是建筑商对市场形势的预期。建筑商信心大涨是一个良好迹象，表明全国各地开始显现出部分复苏迹象。这项指数有时会影响市场走势，因为它是房屋销售和整体支出一个甚佳的领先指标，且新屋开工资料也可用来预测国内生产毛额中的住宅投资成分。指数高于 50，表明房地产市场在扩张；低于 50，则表明房地产市场在萎缩。

OFHEO 房地产价格指数是美国官方权威机构美国联邦住宅供给机构监察办公室（OFHEO-HPI）发布的季度房价指数，在美国房地产业具有广泛的影响力。它的数据来源主要是与房地产抵押贷款联系密切的房地美（Freddie Mac）和房利美（Fannie Mae）。

Case-Shiller（凯斯－席勒）房价指数是由标准普尔发布的房价指数，是衡量美国住房价格变化情况的指针，以重复销售定价技术（Repeat Sales Pricing Technique）为基础。所谓重复销售定价，是以销售两次或两次以上的房屋为数据来源：当一间房屋再一次被出售后，其新价格会在一段时间后与旧价格比较，从而得出房价变化的数据。负责统计 Case-Shiller 房价指数的机构，便会收集数据，经过加权后编制成指数，反映楼房的真正价值。列入 Case-Shiller 指数统计范围的房屋，主要是单户住宅，其余的公寓、合租房均不被列入统计范围，标准普尔会另行公布有关公寓价格变化的指数。另外，列入统计范围的住宅，要有两次或两次以上的交易记录。新建楼房也不在计算范围内。

A 股的房地产板块在 2005—2009 年曾经是支撑指数上涨的重要引擎之一，但从 2010 年开始，表现一直比较萎靡，这与政策不无关系。但从美国房地产价格走势来看，房价其实是 GDP 较好的反映，其季度增长相关性高达 0.42。

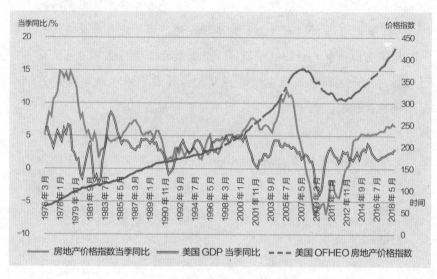

图 2-17　美国房地产价格走势

资料来源：Wind

由于政策的影响，A 股的房地产板块已经基本失去了和基本面的相关性，成为股价博弈和资产配置的工具，房地产上市公司的估值经常跌到非常低的位置仍无人问津。但分析房地产的基本面走势，搭建地产研究的分析框架，有助于厘清整个周期性行业的来龙去脉。如果有一天地产公司的股价回归基本面，那么投资回归基本面研究还是非常有必要的。

分析地产企业，首先要了解其长期趋势，重点关注人口出生率和城镇化率。关于中国的人口形势，目前我国已经过了刘易斯拐点，人口开始老龄化，这对地产需求来说是一个长期不利的因素。但是我国城镇化率不到 60%，与发达国家 80% 的水平相比，还有提升的空间。只要政策和经济允许，一、二线城市的地产需求仍会强劲。

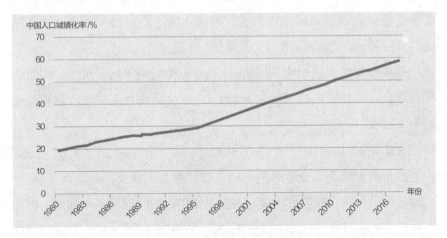

图 2-18　中国人口城镇化率

资料来源：Wind

　　地产行业中期的变量在于利率和政策调控。利率对开发商和购房者而言都是极为重要的一种变量，当利率降低时，重财务杠杆的开发商拿地和开发的意愿加强，购房者的购房欲望也增强。政策是比较不确定的因素，作用周期正在逐渐延长。国内最近 20 年历经了几次地产调控周期。其中 2007—2008 年有一轮紧缩，但 2009 年放开了，随即 2010—2014 年又是一轮紧缩。从 2016 年开始的这一轮政策紧缩是时间最长的，到 2018 年也没有结束。由于我国目前的各种现实问题，紧缩仍然会以各种形式存在。对于行业而言，关键在于找到紧缩能够边际改善的预期。这实际上是一种逆周期的思想。例如 2014 年经济状况极差的时候，存款准备金率和利息双降，极大地刺激了从 2015 年开始的一轮房价上涨。这时，如果能在 2014 年嗅到房地产紧缩将要边际改善的味道，而提前购房或者升级换置房，可能是一个好决策。

　　短期内居民影响地产的变量因素是居民的可支配收入和经济景气程度。一般而言，经济好的时候，大家口袋里钱多了，自然有购房或换置房屋的冲动。值得一提的是，始于 2016 年的棚改政策落地是刺激二、三线城市房价上涨的直接因素。这其实跟棚改货币化，即棚改用货币补

偿搬迁造成的居民财富增加有关。彼时在香港上市的一些房企受益颇大，部分公司在 2017 年股价上涨数倍。

很多投资者所熟知的 PE 估值体系并不太适用于地产行业，因为地产行业往往有较长的建筑和结算期，PE 反映的只是房子交付利润兑现的那个时点。

更加通用的房地产上市公司估值方法是净资产（NAV）估值。净资产值的估值逻辑是对企业所拥有的在建物业、土地及投资型物业资产，按照各项目开发、销售流程进行现金流模拟，按一定折现率折现，再按公司所占各项目权益计算出项目汇总价值，然后减掉（加上）公司的净负债（净现金），得到公司的净资产值。纯开发类公司的净资产值主要是开发项目，其盈利与净资产值基本对等，盈利能力越高，对净资产值的折让越小。目前我国大部分优秀上市公司的 NAV 估值都在 0.5 ~ 1.2 倍区间，反映出其估值基本合理。

对于房地产上市公司，有时候还会用到重置成本法——以资产负债表为价值评估和判断的基础，按资产的成本构成，以现行市价为标准，评估企业的整体价值。如果上市公司的市值大幅低于其重置成本法计算出的价值，那么公司实际上已经有较好的被收购价值，也应该在公司的价值底线附近。

最后值得一提的是，现在有相当一部分上市公司正在由传统的开发商向物业商转变。物业公司往往享受更高的估值，不应简单作为周期股对待。目前，开发商分拆物业上市也成为一种潮流。

汽车

汽车行业的分析框架其实和房地产行业的差不多，这两个行业的爆发性发展都是从 2004 年开始，并在 2015 年左右达到顶峰，本质原因是我国中产阶级的崛起。

汽车行业可细分为乘用车和商用车,又可进一步细分为几个子行业(见图2-19)。商用车里的客车、货车与经济的相关性很强,是一个强周期性的子行业。但乘用车有很强的消费属性,是容易出现变化和投资机会的子行业。

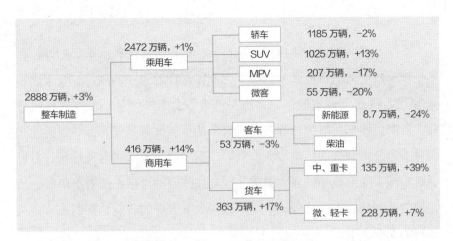

图 2-19 2017 年中国汽车销售情况

资料来源:海通证券、网易汽车
SUV:运动型实用汽车
MPV:多用途汽车

研究乘用车的模式和研究房地产行业类似,都是判断长期趋势,即保有量,它是乘用车研究的基础。但不同之处是,乘用车的寿命一般在7 ~ 12 年,没有房地产那么长。因此,有经验的研究人员经常会像研究建材和钢铁那样去思考乘用车的供需情况。

在考虑供需情况时,一个重要的变量是科技。汽车是一个强科技的行业,也是一个国产替代进口的有潜力的行业。最近两三年对汽车而言,最大的变量就是新能源汽车的推广。新能源汽车获得牌照的难易程度、补贴政策、积分制,都对传统乘用车造成了很大的影响,所以在测算时要更加细致,甄别新能源汽车和传统乘用车的上市车企。此外,汽

车的零配件和组件是整车之外另一个较大的市场，也有很多投资机会可以挖掘。相对而言，汽车行业的同质性不像银行、房地产行业那么强，未来公司之间的分化会非常大，更像"周期性行业中的消费股"。

航空

　　航空业是一个比较难以研究的行业，难在投资的时点不好把握，而不是理解航空的运营模式和估值。巴菲特自称曾经在 20 世纪 70 年代和 80 年代数次投资航空股，但都损失惨重。由于航空是一个高杠杆的行业，资产负债率一般高达 60%，且财务的负债大量是美元，导致美元波动对上市公司利润的影响较大。同时，航空的收入端相对较稳定，但可变成本端又受到航油的较大影响，因此往往原油价格上涨对上市航空公司的负面影响较大。另外，航空还是一个重资产的行业，折旧等对公司盈利的影响也很大。

　　从本质上来说，航空是一个典型的消费类周期性行业。虽然经济不好会造成客流和盈利的下降，但对于 20 世纪 80 年代商业飞行才开始兴起的我国而言，居民乘坐飞机出行的次数与发达国家仍有较大差距，航空业有一定内生性增长需求。这与美国 20 世纪 70 年代的情况类似。2018 年，中国有三家机场位居全球机场客流量前十名；但中国三大航空公司的股票市值加起来，还没有美国第二大航空公司达美航空的多。

　　这是为什么？

　　笔者倾向于认为在目前 A 股和 H 股上市的国内航空公司并没有摆脱周期性和政策性的影响，经营效率的提升无法体现。未来，航空股的长期趋势应该是客座率提升、票价提升，并且有很好的能够转嫁油价影响的渠道，才能使航空的周期属性逐步让位于消费属性。

　　投资航空股或许并不能以一种投资消费股的思维来进行。2008

年，阿拉斯加航空的资产负债率在85%以上，ROE（净资产收益率）为 –16%，每股亏损达到25.6美元，而股价只有10美元，处于严重亏损而被投资者超卖的状态。在这种情况下，如果能将公司恢复到正常情况，即 Turnaround（转变）本身就会提供足够的弹性。而事实上，阿拉斯加航空在2008年大量裁员，裁掉了15%的人员，实行了削减资本开支、提高周转等各项措施。后来公司依靠经营逐步改善状况，股价翻了数十倍。

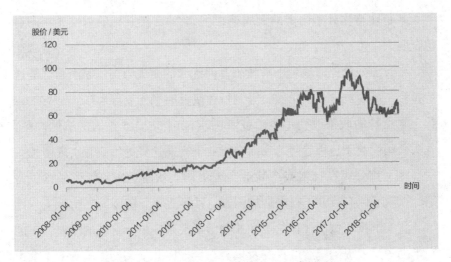

图 2-20　阿拉斯加航空（ALK）的股价走势

资料来源：Wind

　　A 股和 H 股里的航空股会不会有这种机会呢？笔者认为是可以预期的，航空股依靠消费成长逻辑博取股价上涨是一条非常曲折、漫长的道路，但如果出现危机则是介入的好时机，毕竟国内的航空消费日渐刚性，在大幅亏损时可以依靠补贴等措施获得一定资助，重资产成为废资产是小概率事件。

四、周期性行业公司研究实例

对于消费类、科技类公司，基本上只要判断出一个比较长波的企业上升趋势，买入持有并忍受波动即可。周期性行业上市公司与其不同，非常难判断买点和卖点。但实践证明，周期性行业公司的买点往往出现在下列几种情形：

* 行业整体处于向上的大周期，例如 2002 年开始的为期 5 年的有色金属大牛市。

* 行业处于停滞或者下滑状态，但优秀的龙头公司依靠经营优势逆势扩张，不断蚕食市场份额，等到行业复苏时率先复苏。

* 特殊的政策改变了供给或者需求，例如 2015 年的供给侧改革，龙头公司受益于这种趋势，反而在行业下行期逆势提价或者实现增长。

* 上市公司在技术或产品上实现革新，从而走出传统产品竞争道路，摆脱了原有行业下行周期的阴影，甚至走入新的蓝海之中。

真实的投资情况往往是上面几种情形混杂。由于合规的限制，不能在本书中过多提到笔者的投资及投资组合，因此下文的例子省去了上市公司的名称及代码，并且将投资的逻辑尽量简化。

有一家上市公司 X，是我国玻璃行业的龙头公司之一。该公司在20 世纪 80 年代末成立，以汽车玻璃起家，后来赶上了建筑玻璃的大发展，产能逐步扩张，并在 2005 年开始生产节能玻璃。2015 年时，该公司已成为建筑玻璃和汽车玻璃的龙头企业之一。但在 2014—2015 年，公司股价持续遭到压制，重要原因是彼时房地产投资减速，浮法玻璃产能过剩已经开始出现，产能利用率持续降低。（见图 2-21）

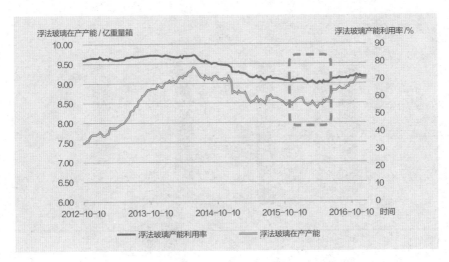

图 2-21　浮法玻璃产能利用率和产能变化趋势

资料来源：Wind

　　这个时候供给侧改革开始推行，有一些小型企业处于盈亏平衡的边缘，要判断此时是否是一个周期性行业公司的拐点，依据主要是：

　　＊当全行业发生亏损时，标的公司是否还在盈利（这也是公司优秀运营能力的体现）？

　　＊当公司股价发生大幅下跌时，其价值的底部在哪里？

　　＊行业是否出清，同时需求开始爬升，供需平衡状态开始向供给方倾斜？

　　事实上，上述几个问题都得到了解答。

　　首先，X 公司的浮法玻璃毛利率从 2013 年的 19% 降到 2014、2015年的 7%，情况即将改善，并且能够维持这种毛利率，最终没有亏损。这种改善一是公司通过积极控制成本，享受管道天然气价格下降的优势；二是通过积极改善运营效率，具有一定定价权的龙头公司可以通过跟经销商之间的协议来提高存货周转和应收账款周转率，从而提高总的经营效率（在行业受到压制时，这种效率提升一般维持 2～3 年，制造类企业在形势缓和之后一般会调节经营效率到原状态）。

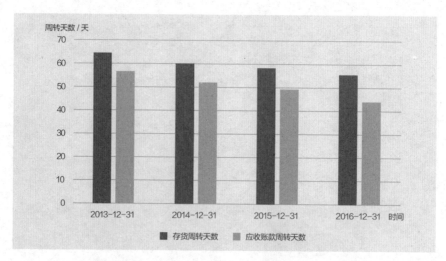

图 2-22　X公司存货周转天数和应收账款周转天数

资料来源：Wind

　　其次，从公司的价值底部来看，当时的股价已经到了底部。只要行业情况略微改善，公司价值就会被重新反映。对于 X 公司而言，彼时虽然建筑领域的浮法玻璃受压制情况很严重，但公司还有 1/3 的产品是周期性不那么强的汽车玻璃，此外还有部分盈利性较好的太阳能玻璃上市公司的股权。根据比较保守的 DCF 估值，公司的股价已经被严重低估。

　　DCF（现金流贴现）模型是通过预测未来的现金流量来估值的。DCF 估值法适用于那些股利不稳定，但现金流增长相对稳定的公司。对于周期性行业，一般来说运用 DCF 是比较困难的，因为产品的价格和销售都可能受到影响。但可以采用比较保守的 DCF 方法，在比较认同的参数设定之下，得到保守的预测结果。

　　最后，从行业情况来看。2015 年，浮法玻璃行业在经历了连续 5

年的产能扩张之后，首次出现产能负增长。当时行业内第三大生产商已经完全退出市场。根据前文所述的分解需求方法，预测 2016、2017 年保守情形下的需求，发现浮法玻璃行业的供需很可能已经从过剩到了紧平衡，供给侧企业的进一步收缩很可能会导致玻璃价格的上涨。后来的事实也验证了这一点（见图 2-23），玻璃价格在 2016 年下半年开始止跌回升。

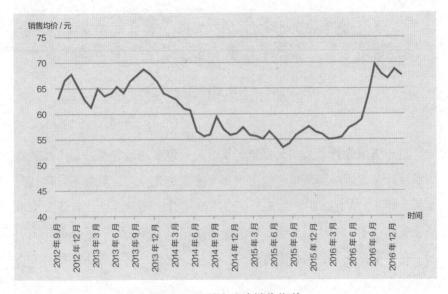

图 2-23　浮法玻璃销售均价

资料来源：Wind

基于这几点，在貌似不好的行业下行期，其实是买入 X 公司的最好机会。从 2015 年到 2016 年上半年，都是非常好的建仓期。2016 年下半年玻璃价格复苏，整个玻璃行业的上市公司股价都得到提升。这之后要做的是实时跟踪公司的运营、产品价格和经营策略调整情况。不出所料的是，X 公司在这一轮周期中份额得到提升，股价也创下历史新高。

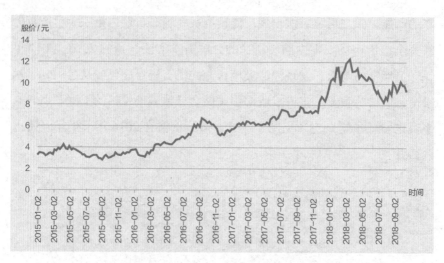

图 2-24　X 公司复权后股价走势

资料来源：Wind

    对于周期性行业公司，投资的重点是一定要选取龙头公司（在某些周期性行业发展早期，也可能出现多个寡头领先企业，但并不能称其为龙头公司）。为什么呢？龙头公司会不断提升市场份额，或者研发出市场领先的技术。在熊市，会有很多企业倒闭，龙头公司一般是最后倒下的。在牛市，龙头公司会涨得最多。另外，龙头公司在震荡市和熊市会因辨识度高而率先反弹。

    周期股的大致投资情况就是这样，但研究工作是没有止境的。投资者对公司的基本面分析得越透彻，就会对公司未来的发展越有洞察力。详细的研究工作往往还包括对上市公司管理层的分析，股权结构的梳理，经营战略的评价和分析，竞争对手的动态跟踪，"上下游"供货商的访谈和分析，更细致的财务现金流、资产负债和估值比较，等等。

第 **3** 章

怎么进行行业研究
——科技行业篇

▲87.56

▲23.97

一、科技行业的特征

科技股的投资研究是博大精深的，如果全部写出来，100万字都写不完。在科技股的投资方面，很多机构是非常专业的，很多专注于中国市场的风险投资基金（VC Fund）从业者是投资科技行业的精英。在本书中，仅以笔者在二级市场投资的一些拙见来抛砖引玉。

谈到科技股，很多人认为科技公司是在车库里诞生的，把一些概念"攒一攒"，找到了流量，就成了科技公司。在近30年的世界投资史里，Internet（网络）是科技行业的生力军，尤其是现在世界上市值较大的上市公司，例如FLAG（Facebook、LinkedIn、Amazon、Google，脸书、领英、亚马逊、谷歌）等。

按照熊彼特的创新周期理论，技术进步的周期性变化导致了经济的周期性波动，经济长波经历的时间也内在地由技术进步周期性变化的时间决定。自近代以来，世界经济发展经历了五个经济长波：18世纪80年代进入以纺织工业和蒸汽机技术为主导的第一个经济长波；19世纪中叶进入以钢铁和铁路技术为主导的第二个经济长波；19世纪末至20世纪初进入以电气和重化工业为主导的第三个经济长波；从20世纪50年代开始，进入以汽车和电子计算机为主导的第四个经济长波；从1991年开始，进入了第五个经济发展时代，即信息技术时代，代表公司为微软（Microsoft）、谷歌、腾讯。（见图3-1）

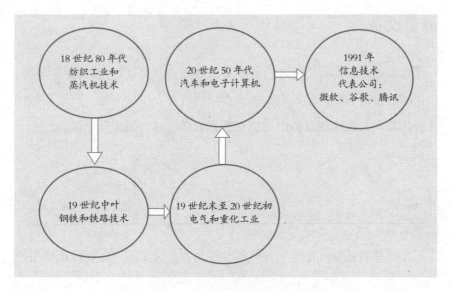

图 3-1　世界经济的发展变化

　　但其实 Internet 只是科技行业里一个狭义的概念，有些大公司不只是做 Internet，例如 HP（惠普）、Apple（苹果）。此外，科技行业还有很多分支，它们都应该得到足够的重视，例如电子支付（支付宝）、信息安全（Symantec，赛门铁克）、数据云存储（Dropbox，多宝箱）、旅行订票（携程）等行业的公司都是科技公司。

　　科技行业在股票市场历来都是一个非常重要的板块，在不同时代扮演着"新技术""新经济"的领军者的角色。有些公司虽然目前已经衰落了，但曾经是非常辉煌的。

　　在投资二级市场时，经常把科技行业称为"TMT"（科技、媒体和通信），这也说明目前的科技公司大多属于这几个行业。目前，科技行业大致包括通信设备、半导体、计算机硬件、消费电子、计算机软件、IT 服务、医药等。

通信设备

在 A 股市场，通信设备公司大多是围绕着我国 4G、5G 开展业务的，因为通信设备的基础建设需要铺设大量的设备，包括基站、天线和各种光纤光缆等。在这些设备中，也有芯片这样的"头脑级"元器件。

半导体

半导体行业是以生产半导体等电子元器件为主的，主要特征是生产各种各样的"芯片"。芯片行业的"上下游"其实还包括测试、封装、设计等环节，很多上市公司是在其中一个环节具有较大影响力。

计算机硬件

硬件设备是科技行业的核心，大多指与软件配套的设备，例如机房设备、工作站、计算机集群等。在现实中，人们往往需要比较好的硬件设施来实现软件系统本应具有的功能。

消费电子

中国是电子产业大国。早在 20 世纪 50 年代，我国就开始生产电子元器件，起初主要是供应军工。20 世纪 70 年代之后，"亚洲四小龙"加上日本逐步承接了来自欧美的很多 OEM 订单。从 21 世纪开始，我国承接了很多来自日本、韩国、东南亚的电子订单。现在，我国已经成为世界上领先的电子（尤其是消费电子）生产大国。

计算机软件

软件行业主要是设计和生产软件产品的，包括 2B 和 2C。2B 即所生产的软件面向的客户是机构（To Business），2C 即所生产的软件面向的客户是个人（To Customer）。软件行业的兴起以 20 世纪 80 年代的微软为代表。目前中国有很多优秀的软件公司在 A 股、港股和美股上市，著名代表为所谓的"BAT"（百度、阿里巴巴和腾讯）。

IT 服务

IT 服务行业主要是给企业提供各种各样的软件服务，包括咨询、数据处理、软硬件系统架设等。目前在 A 股，这个行业占了科技行业相当大的市值权重。

医药

很多人认为医药是消费行业，但本书将其归为科技行业，因为我国医药行业的核心驱动力逐渐从销售转变为研发。近几年来，小分子化学药物和生物技术药物逐渐成为医药行业的主流，它们能够治疗很多之前被认为是绝症的疾病，医药行业的收入越来越可观。我国医药研发的实力也在不断增强，目前已出现数家市值超千亿元的医药上市公司。

研究科技股要注意科技企业的研发比例、现金分红和收入增速。科

技行业的研发投入是非常大的，鉴定是否可称为"科技股"的一个标准是研发收入是否达到总收入的 5% 或以上；巨大的研发收入也为科技企业提供了未来增长的巨大潜力。科技股的现金分红往往是比较少的，因为科技企业往往需要将现金的大多数或全部投入研发。在很多情况下，科技企业需要融资以获得持续发展的经费。这些研发和收入上的"消耗"，往往最终反映在科技股能否实现收入的增长。

研究收入的增长而不是净利润，原因在于收入的确认往往比较简单直接。净利润需要经过一系列核算（成本、费用、税收等）才能够得到，研发投入巨大的公司的净利润可能持续是负的，但并不影响它实现高速成长。

下文分别从 TMT 和医药两大分支来探讨科技股的一般规律，最后提供一个科技股的投资案例。

二、TMT 行业的研究方法

TMT 行业（见图 3-2）是科技行业的核心投资品种，整个行业的研究重点是辨认时代和创新。值得注意的是，科技行业一级市场和二级市场的投资方法论还是有较大差异的，本书尽量将这种差异阐释清楚，而不是笼统地以一概全。总的来说，TMT 行业的核心特点是：

＊行业兴起时间较短，商业模式和成长路径都不甚成熟，每隔一段时间都可能有天翻地覆的变化。

＊成长性强，周期性弱，但也不可一概而论。（见图 3-3）

＊行业内部分化较大，尤其以软件与互联网为甚。

* 市场热点多，很多时候不看业绩，只看主题。

* 技术是核心竞争力所在，但商业模式也很重要。

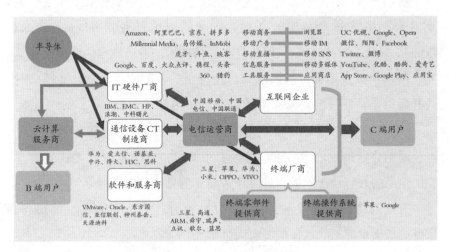

图 3-2 TMT 行业的产业链

IM：即时通信
SNS：社交网络服务
CT：通信技术
B 端用户：企业用户
C 端用户：消费者个人用户

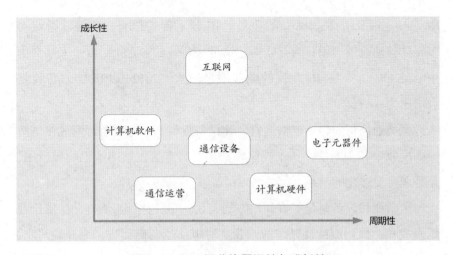

图 3-3 TMT 行业的周期性与成长性

通信

通信行业是 20 世纪 70 年代科技行业兴起的主要推动力之一，也是后来网络等技术发展的基础。广义的通信行业指 Information and Communication Technology，即信息和通信技术。通信技术的发展使移动互联网用户数量增加，从而推动科技公司的业务增长。自移动通信时代开启以来，科技公司营收节节攀升。2016 年，包括 Amazon，Apple，Google，Facebook，Microsoft 在内的巨头公司总营收 5543 亿美元。

通信企业的发展大致可以分为三个阶段：有线通信—无线通信—相关信息的处理商（例如云计算设备商、信息处理中介商等）。

有线通信是通信行业早期的主要推动力，尤其是 Internet 的兴起，家庭通信需求使有线通信的需求大量增加。

无线通信是最近 10 年发展最快的行业之一。由于无线通信、手机技术的不断改良，对有线网线的依赖成了过去式，整个通信行业快速迭代。自 2G 开始，移动设备用户数量飞速增长。苹果公司在 2007，2008，2012 年相继发布 2G，3G，4G 手机后，利润大幅增长。3G 技术推动无线搜索、手机购物、社交软件等方面的应用，极大地促进了 Google，Amazon，Facebook 的业务。4G 技术促进语音、视频、游戏等多媒体移动通信应用，为互联网公司带来业务的多元化。以个人社交为中心的 Facebook 在 4G 时代的业务增量巨大，2012—2016 年的营收复合增速为 642%。

无线通信行业包括电信运营商和设备提供商。电信运营商往往是份额高度集中和垄断的，这个规律在美国、日本等发达国家也同样适用，是行业自发进化的结果。

运营商和设备商是甲方和乙方的关系，是一种行业从自发性成长到缓慢成长，再到制度性延续的产物。对电信运营商而言，一开始"吃"的是人口红利，例如我国 1994 年有了 GSM 通信网之后，手机的普及度不断提高。这种商业普及是看得到的，是必然的趋势，就和 20 年前可以预见汽车终有一天会普及一样。2001 年，中国手机用户超过 1.2 亿，达到 10% 的渗透率，运营商是最大的赢家，因为资本开支（投入电信设备的资金）的效率很高，设备投入很快就会回本，也不太需要大量的广告投入。

2001—2008 年是电信发展的第二个黄金期，最深刻的变化是国产设备商，例如中兴、华为逐步赶上，替代了很多进口电信设备商。2008 年年底，我国手机用户达到 6.4 亿，渗透率接近 50%。同年，开始大面积启动 3G 建设。这时候对于在港股上市的中国移动来说是市值的最高点。之后，电信运营商的吸引力不再那样强大。

3G 时代，很多设备商的设备报价提高、用户体验提升，但并不能扭转电信终端用户降价降费的需求。这也是中国移动发展黄金时期的结束。随后，运营商开始巨额投入在资本开支上，而收入端未见继续大幅增长。2008—2017 年，中国手机用户渗透率超过 100%，人口红利被"吃"光。之后，数据通信的流量红利也随着中国电信业整合完毕。

对于设备提供商而言，虽然部分上市公司的股价还有增长（例如 2008 年之后的中兴通讯），但甲方（主要是中国联通、中国移动、中国电信等运营商）的增长殆尽，所以设备提供商的收入增长主要来源于通信技术更新换代（2G—3G—4G—5G）带来的需求。与其他 TMT 子行业或者公司更加诱人的回报比较而言，这种需求相形见绌。

客观地说，这 20 年通信行业的发展是非常有趣的案例。对于运营商而言，无论是我国还是发达国家，行政任务可能是一道枷锁，但从国际经验上来看，这种情况正在好转，例如前几年受益于通信大发展的私人企业慢慢开始进行大规模资本开支，"反哺"设备提供商。

在美国，科技巨头实现快速增长，得益于运营商技术设施建设和网络发展。美国市场经历了互联网公司接力运营商发展的阶段。2008 年，

Google 成为跻身全球市值前 14 位的科技公司，随后 Apple，Amazon 等均跻身全球上市公司市值前列。截至 2016 年年底，科技巨头总市值达 22315 亿美元。科技巨头的投资方向主要在数据中心、云计算、网络建设、5G、物联网建设，以直接拉动 5G 技术的发展。此外，科技巨头还大力布局 VR/AR、无人机、人工智能等跟 5G 技术密切相关的应用，以反推该技术的发展。随着互联网公司在通信基建方面的投入，未来互联网公司和运营商的界限将逐渐模糊，如亚马逊与拥有 700MHz 白金频段的 Dish 公司（美国移动运营商）联手进军无线网络市场。

对于通信行业，正确的投资方式首先是要看清楚甲方和乙方的关系，而不是跟着天花乱坠的各种技术名词和技术路线"走"。只有辨识甲方的未来（是"吃"人口红利、技术红利，还是处于某个风口），才能看清产业链。例如云业务，至少从目前的情况来看，是比较有前景的，就像手机的出现和普及一样，云计算也有一个逐渐普及的过程，直到占有率达到一定阶段或者有其他革命性的技术出现并改变现状。

辨识了甲方的发展路径，就大概知道乙方的生存空间是在不断扩大，还是在收缩。这时候再次辨识各个设备提供商的核心技术和竞争力，对设备提供商进行筛选。

以上是做通信行业投资长周期的大致逻辑。好的标的估价往往会有几倍的涨幅，而且估值不至于贵得离谱（PE<30，EBITDA<10，美国和我国的工业制造企业的 PE 大多在 10 ~ 30 倍）。通信行业（尤其是设备商）往往有一些特殊时期的主题投资机会，例如在 4G，5G 密集投资期出现的阶段性投资机会。这种阶段性行情并不是笔者有能力和乐于把握的，但确实有。

对于信息处理商，笔者认为在投资方法论上，大多是作为一种 2B 的软件服务商来对待。

半导体

半导体是很多计算机硬件和消费电子的基础元器件。

半导体（semiconductor），指常温下导电性能介于导体（conductor）与绝缘体（insulator）之间的材料。半导体在收音机、电视机以及测温上有着广泛的应用，如二极管就是采用半导体制作的器件。半导体是一种导电性可受控制，导电能力介于导体和绝缘体之间的物质。无论是从科技还是从经济发展的角度来看，半导体都是非常重要的。现在大部分电子产品，如计算机、移动电话、数字录音机中的核心单元都与半导体的关系较密切。常见的半导体材料有硅、锗、砷化镓等，硅是在商业应用上影响力最大的半导体材料之一。按照制造技术，半导体可以分为集成电路器件、分立器件、光电半导体、逻辑IC、模拟IC、储存器等大类。

目前，比较成熟的半导体产业大多是围绕晶圆、芯片、集成电路展开的。

晶圆是制造半导体芯片的基本材料。半导体集成电路的主要原料是硅，对应的就是硅晶圆。晶圆是指硅半导体集成电路制作所用的硅晶片，由于其形状为圆形，故称晶圆。在硅晶片上可加工制作成各种电路元件结构，成为有特定电性功能的集成电路产品。晶圆的原始材料是硅，地壳表面有大量二氧化硅。二氧化硅矿石经由电弧炉提炼，盐酸氯化，并经蒸馏后，可制成高纯度的多晶硅，纯度高达 99.999999999%。

芯片是半导体元件产品的统称，是集成电路（IC）的载

体，由晶圆分割而成。它是一块很小的硅，内含集成电路，是计算机或者其他电子设备的一部分。

集成电路是一种微型电子器件或部件。采用一定的工艺，把一个电路中所需的晶体管、电阻、电容和电感等元件以及布线互连，制作在一小块或几小块半导体晶片或介质基片上，然后封装在一个管壳内，成为具有所需电路功能的微型结构。所有元件在结构上已组成一个整体，使电子元件向微小型化、低功耗、智能化和高可靠性方面迈了一大步。当今半导体工业大多数应用的是基于硅的集成电路。

半导体是一种基础部件，它的增长直接受到"下游"具体需求的影响，例如手机、安防摄像头、智能汽车、智能手表、个人电脑等。这些"下游"产品的每一次更新换代，对基础半导体元器件就是一次拉动，因为"下游"产品工艺越复杂，所需的基础半导体的数量往往越多。泛硬件时代的到来，使硬件数量呈十倍、百倍地增长。物联网时代海量信息处理、人工智能等对运算能力的要求爆发，未来 IC 产业可能迎来继 PC 时代、智能手机时代之后的第三个时代。

值得注意的是，全球资本开支和消费开支是强相关的，因此半导体行业的需求也是有一定周期性的。

半导体产业成熟之后，生产难度并不高，尤其是低技术壁垒的元器件，例如通常所说的 8 寸晶圆，常用于物联网、汽车电子、LED（发光二极管），这种晶圆的制造并不需要太多技术。因此，这种半导体的供应最终是走向低成本的，比如将生产线转移到制造业低成本国家。

投资半导体行业主要是把握两个投资机会：一是低端产业链转移的机会。国内毕竟有制造业的价格竞争优势，未来是能够获得一些技术壁垒不高的产业机会的。二是高端制造，在高端封测、IC 设计等高端领域实现技术突破。

按照具体的投资方法论来看，第一种其实还是按照传统制造业的估值和成长去研究，很可惜的是，目前 A 股和 H 股的大部分公司都属于这一种。可能 PE 是这类公司最好的估值方法之一，且可以根据行业的周期性（一般行业周期为 4 年、技术周期为 18 个月）进行预估和判断（类似于周期股）。对于仍处于大规模建设周期的公司，用 EBITDA（税息折旧及摊销前利润）估值来考虑折旧的影响。对于第二种，应该更加重视技术突破带来的附加值，同时也要考虑到半导体行业巨大的供给侧压力，也就是生产的产品是否最终有价格比较优势，是否有技术优势。例如 2016 年时，全球内存价格高昂引发国内巨额投资，其中武汉新芯号称投资 240 亿美元，同方国芯号称有 932 亿元的投资，但这种投资的最终目的并不是生产出一种新式内存，而是期望依靠后发投资优势降低生产成本。

计算机硬件

从世界范围来说，我国的计算机硬件比较落后，是技术上的"软肋"之一，基本是以跟随、代工和组装为主。但从国外经验来看，硬件企业是出牛股的"根据地"之一。

选择计算机硬件上市公司，要辨别几个关键点：

＊核心技术到底是什么？有多少技术壁垒，是否能够被轻易复制？

＊现金流怎么样，是不是很快就过不下去了，还是融资扩张型？

＊在最终出厂产品的成本中，有多少用于自主研发，有多少用于对外采购？

在 A 股市场，当"风来了"的时候，很容易出现所谓的"概念股上扬"的行情。但这种行情并不代表上市公司有"护城河"，不代表能够盈利或者真正地实现成长。这时候如果想投资，只能成为一种"博

"弈"而非长期投资。这时候如果要去买相应股票，那么笔者的建议是：找主题最正的，找网络点击量最大的，找估值最安全的……

如果想作为长期投资，方法论还是要严实一点，要抱着小心谨慎的态度仔细选择。对于一个好的计算机硬件和半导体行业研究员来说，比较理想的状态是：了解世界上硬件和半导体的前沿技术；了解目前最热的概念是什么，是哪些硬件共同作用组装在一起的；"下游"的应用点是什么，市场有多大；国内上市公司真正的技术核心是什么；公司现金流和净利润实现（如果是上市公司，要考虑资本再投资或者回报股东的情况）的计划。

例如，目前市场上比较热的概念是人工智能，我们就要知道人工智能的核心是硬件、算法和应用。

在硬件方面，要有非常强大的便于处理人工智能算法的处理器，最适合的是 GPU。GPU 是 "Graphics Processing Unit" 的缩写，意为图形处理器，又称显示核心、视觉处理器、显示芯片，是一种专门在个人电脑、工作站、游戏机和一些移动设备（如平板电脑、智能手机等）上进行图像运算工作的微处理器。GPU 由数以千计小而高效的核心组成，在实时、高清 3D 图形的巨大市场需求驱动下，发展成了拥有巨大计算能力和高内存带宽的高度并行、多线程的多核处理器。

提及 GPU，就不能不提到 NVIDIA（英伟达），它创立于 1993 年，总部位于美国加州，是著名的智能芯片厂商。从 2015 年 9 月起，NVIDIA 的股价一路飙升，截至 2018 年 6 月，翻了十倍以上。与股价涨幅相比，NVIDIA 的营业收入和净利润增速显然要慢一些，因此公司业务表现带来的预期变化更值得讨论。根据 2018 年第四季度及全年财报，NVIDIA 第四季度营收为 29.11 亿美元，同比增长 34%；第四季度净利润为 11.18 亿美元，同比增长 71%；2018 年营收为 97.14 亿美元，同比增长 41%；2018 年净利润为 30.47 亿美元，同比增长 83%。英伟达发现它的 GPU 除了图形处理功能之外，还可以用作人工智能算法的处理器，因此进一步开发了其他功能（例如 CUDA）。CUDA（统一计算设备架构）既是一个并行计算平台，又是一种编程模型，可利用 GPU 的能力提高计算性能，应用领域包括天文学、生物学、化学、物理学、数据挖掘、制造业、金融以及其他计算密集型领域。这些新功能和硬件结构也逐渐用于 AI，进而支持现在硅谷大为流行的智能驾驶。

虽然 GPU 对支持人工智能有独特优势，但老牌 CPU 厂商 Intel（英特尔）不甘落后，在内部组织了事业部，开展对人工智能的算法支持。硅谷的软件厂商也想"搭上这趟车"，例如一贯在硬件上想实现突破的谷歌，开发了适用于 AI 计算的高性能专用硬件——TPU。官方网站上 TPU 的 AI 运算测试比 NVIDIA Tesla K80 GPU 平均速度快 15 ~ 30 倍，比服务器级 Intel Haswell CPU 快 70 多倍。谷歌工程师还为 TPU 开发了名为 CNN1 的软件，可以让 TPU 的运行速度比普通 CPU 高出 70 多倍。随着行业巨头决定未来持续投入并更新 TPU 架构，该芯片 TensorFlow 开源架构将吸引更多的开发者。

硬件是人工智能的核心，其次是软件和算法，也就是能够出"护城河"的地方，但"护城河"并没有硬件那么"深"。因为硬件厂占基础地位，基本的人机交互平台语言也是外国人设计的，所以对于国内人工智能厂商，尤其是初创企业而言，硬件应该被赋予更高的估值（当然，其技术和人员要真的很厉害）。希望国内的地平线、寒武纪等先驱公司能够创造出伟大的产品。

很可惜的是，目前在 A 股上市的公司，真正能做到硬件和软件有"深护城河"的领先企业不多。如果是应用层，我们要分析为什么能出业绩。如果仅仅是一家制造型企业，凭借着市场、品牌、应用层的独特技术，能够实现增长，那也是不错的。但估值一定是要做的。

预期市值 = 制造业估值（PE，EBITDA 或 PS 法）+ 新业务价值

分析新业务价值，可以将所谓的创新业务单独拿出来，和一级市场里同类型同级别的 B 轮或 C 轮融资比较，看看大致的估值范围。

消费电子

消费电子是 TMT 领域里比较容易出牛股的一个行业，主要原因是：首先，消费电子的景气周期往往比较长，一种产品的市场一旦打开，会像消费品一样持续景气 3～5 年，甚至更长（苹果的产品就是最好的例子）；其次，消费电子公司的起始规模往往都比较小，属于 Idea-Driven（创意驱动）型，技术壁垒并不是很厚，呈轻资产特征，公司的产品容易转型和升级，从而带动规模持续扩大；最后，消费产业链往往具有毛利率较高的特征，从消费品到产业链的"上游"公司往往都有比较丰厚的利润。

研究消费电子公司，一般从两方面入手：一是从"下游"产品出发。21 世纪，电子产品不断创新，明星产品层出不穷，例如 MP3、苹果手机、iPad（苹果平板电脑）、GoPro（极限运动相机）、NFC（近场通信）支付、无人机等。这些产品很难从每个元器件到最终成品都

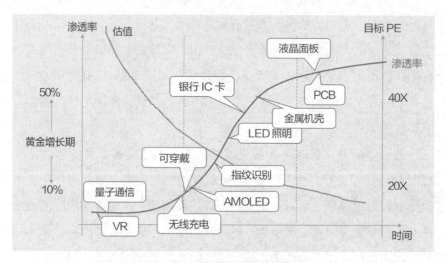

图 3-4　产品生命周期和估值之间的对应关系

资料来源：东方证券
PCB：印制电路板
AMOLED：有源矩阵有机发光二极体面板

由一家公司自己生产，而是采用自己设计—部件分工—集中制造的方法。把握这些消费电子的最终产品趋势，延伸至"上游"产业链，寻找受益的公司，是比较聪明的方法。在寻找这类产品或公司时，一个很重要的判别指标是产品渗透率，低渗透率往往意味着可能有更乐观的成长预期。

这种研究方法要特别注意渗透率，因为渗透率决定生命周期阶段、行业增速、投资风格。产品成长期的特点是：（1）以新增需求为主，渗透率提升；（2）产品差异化大，产品与产品之间不是以模仿竞争为主。在产品成长后期或成熟初期，以替换需求为主，公司通过抢占市场份额仍能保持短期的业绩快速增长，但估值下滑是必然趋势。

对于电子行业而言，常常以新技术为主题投资方向，潜在市场空间一定要大。假设某公司的穿戴产品刚上市，在某一时间节点非常受欢迎；竞争对手在产品性能和市场份额上都落后很多，"第二梯队"的竞争对手开发出同样产品大概需要 9 ～ 12 个月或更长时间，市场认知度也很差；该公司产品的渠道反馈非常好；公司处于 C 轮融资阶段，扩大生产所需的资金预计可以在 1 年之内到位，在这种情况下，其市场份额 = 针对人群人口 × 渗透率 × 单价。

市场份额是动态的。当竞争对手出现，走向单价下降的趋势时，往往竞争格局已经非常差，此时渗透率和单价的假设都需要下调。反之，如果产品持续超预期，那么单价甚至可以通过产品升级换代来提高。在这种情况下，如果出现爆款电子产品，那么可以给公司较高的估值，但仍然要考虑：核心竞争力是否容易被模仿？在产业链中的位置是怎样的？公司的市值是否超过了未来产品销售后的现金流贴现？

对于已经走在渗透率提升轨道上的公司，建议用 PEG（市盈增长比率）进行估值，即考查 PE 除以未来 1 ～ 3 年的平均增速，综合考查绝对估值和成长的关系。总之，从基本面量化或价值投资来说，不建议完全不看估值。

另外，研究电子上市公司也可以自下而上，即关注公司主营业务的情况、公司团队的经历和擅长点、公司技术特长等。对于很多电子公司来说，主营业务可能在一段时间内是平淡而没有亮点的，但公司可以在能力范围内延伸（例如进入苹果或三星产业链），一旦成功，那么业绩和估值上的提升都可能是非常显著的。对于这种公司，在估值上的容忍度可以适度放宽，或者采用研发费用加回的 PE-R 估值方法。

很多时候，大家面对的是传统的、平淡的主营业务和可能进入快速发展轨道的业务融合的公司情况，这时候可以用以下方法来获得合理估值：

公司合理市值 = 传统业务价值 + 进入新业务概率 × 新业务价值

此外，消费电子虽然是一个很吸引人的行业，但也是经常"埋葬"投资者的行业，有很多价值陷阱类情形，其中最典型的就是靠资本投入来赚钱（CAPEX 驱动）。

例如某上市公司生产某类产品，这类产品同质化比较严重，供需关系常年为供大于求，竞争比拼的是成本，主要是生产设备（其实是设备商赚了大钱）。如果每年上一套新的生产设备，产品的成本可以下降10%，该上市公司每年不断投入买新设备来降低产品的生产成本，在公司的现金消耗殆尽之后，上市公司只有融资，进入每 1 ~ 2 年就融资一次的"节奏"：融资—投资—融资—投资……

上述例子是典型的 CAPEX 驱动型模式，投资者得到了什么呢？上市公司永远都是"缺血"的，需要"补血"才能活，更别谈股东的回报。研发投入又无法建立足够的壁垒，所以隐形的价值（无形资产）也没有。这种消费电子类公司在 A 股和 H 股里都有，有时候依靠"阵风"而来的概念可能乘风而起，投资者一定要辨识其商业模式背后的本质，注意到"潮水过后，才知道谁在裸泳"。

计算机软件和 IT 服务

软件行业是一个比较复杂的行业，技术更新和概念非常繁杂，但也可谓"最近 20 年最容易出牛股的行业之一"。软件公司的收入结构大致如表 3-1 所示：

表 3-1　软件公司的收入结构

客户类型	收入来源	
	产品 P	服务 S
2B	2B-P	2B-S
2C	2C-P	2C-S

首先，从客户类型来看，分为 2B（对企业）和 2C（对个人）。从取得收入的具体模式来看，软件公司有产品商，提供的是通用产品，一般来说是一次开发多次出售，毛利率高，但同时周期性比较强；或者是服务商提供专用服务，一次开发一次出售，毛利率低，周期性弱。大部分厂商是介于上述两个极端之间，尤其是系统集成商。

研究软件公司的收入结构是非常重要的。2B 和 2C 之所以重要，是因为两者所需产品的市场空间和开发难度是不一样的。对于 2B 来说，往往需要针对具体客户逐个开发产品，因此客户数量不多，但是单体量比较大。有时候，某家上市公司可能受单个客户的影响比较大。而对于 2C 来说，产品往往容易扩散，很可能面对的是所有人（例如微软的 Windows 系统、腾讯的 QQ 等），具有很强的消费属性。过去 20 年，2C 的软件投资是重点，并且带来了很好的回报。

以产品为主的公司，渗透率是十分重要的。互联网用户渗透率是一个典型的例子。1995 年，美国互联网渗透率突破 10% 的临界点，这与美国同时期互联网巨头网景、雅虎和亚马逊崛起的时间一致。类似的情况也发生在中国的互联网产业。同时，以产品为主的公司还具有很强的

网络效应，即产品价值随客户数量的增加而呈指数级增长。软件行业具备明显的网络效应，由于软件尤其是通信类软件用户的交互特性，产品价值随客户数量的增加而增长，并形成生态圈。软件行业也具备规模经济性，用户推动企业投入产品升级、提供优质服务，例如微软的 office 办公软件等。

从产品到服务是 2B 行业的大势所趋（最终目标是咨询化），因为产品卖出去之后的维护收入其实是很少的，这种上市公司是周期性的。但如果把一次性销售出去的产品变成了细水长流的"服务"（其实换汤不换药，客户用的还是那一套软件），就形成了更稳定的一种收入模式。事实上，这就是云计算背后的诱因之一。例如美国的 Adobe、Autodesk 等公司，以前必须让比较强的销售团队兜售产品，改造成云模式之后，省去了必须更新换代产品来拿到产品收入的模式，变成每年收取服务费的模式，这样客户的首次投入跟之前是差不多的，但软件公司巧妙地增加了用户黏性，为以后提价奠定了基础。

云计算也"催生"了很多基础设施服务商，例如亚马逊云、微软云、阿里云、华为云等。这些基础设施服务商和软件商共同作用，分享行业的蛋糕。

因此，分析 2B 软件行业，要注重技术和服务模式。除了看清公司独特的产品（或者服务）优势之外，更重要的是要看清公司实现利润的路径和方法。

分析 2B 软件公司的过程，也包括分析其服务或产品的市场空间和特点，看清其开发客户和占据市场份额的营销方法，还有其实现价值的本质。很多时候，公司本质没有变化，但有"政策风"，例如要提高某行业的信息化水平，从而带来大量的 2B 软件或服务采购需求等。需要认清的是，这种"风"过后是否还会有连续的收入增长。

在 A 股和 H 股上市的很多公司属于系统集成商，更确切地说是类似于装修承包队——在客户那里开发数周或者数月，量身定做实现一种功能。这种开发是介于产品和服务之间的，因为在服务初期有一个雏形或者其他成功项目的例子，但在客户那里实现时又需要大量的二次开发工作，属于重人力的输出，本质上没有太多核心竞争力——服务容易被复制，开发核心内容是客户指派的，服务完成后无法持续收费。

面向 2C 的公司大部分是互联网公司，过去 20 年世界互联网巨大的流量红利对我国的拉动也是显著的。最近 5 年，移动互联网是最大的领军者，虽然增速已经明显放缓到不足 10%（见图 3-5）。

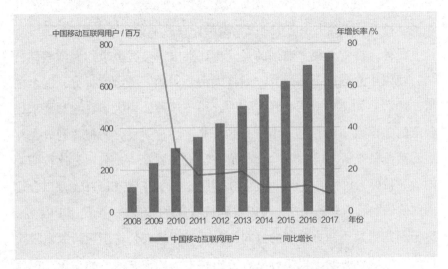

图 3-5　中国移动互联网用户 VS 同比涨幅

资料来源：创头条、《2018 年互联网趋势报告》

对于互联网上市公司，除了考查市场整体容量和渗透率之外，公司的网络效应也很重要。典型例子是某上市公司利用其即时通信工具软件拢聚大量客户之后，进行音乐、电影、游戏等其他产品输出。即时通信软件可能是免费的，但其他产品可能是收费的，或者携带广告，以此来增加收入。

这种网络效应在开始可能依靠某种能够带来流量的产品来获得，但也有可能是依靠某种经济刺激来实现，这就与"获客成本"相关，

即通过发放经济利益来获得用户。典型例子是众多 O2O 公司通过发各种各样的红包来获取用户，或者通过在百度、谷歌上增加广告投放来获取访问。

当获取的客户累积到一定程度后，就可以着重于收费或以其他方式来换取价值。如果收入大于获客成本，那么就是成功的。

值得注意的是，在未来相当长的一段时间里，在线娱乐将成为 TMT 或者互联网投资主流。除了巨大的流量红利带来广告等收入以外，2C 客户越来越倾向于付费来增加价值。由于此类公司在 A 股上市的并不多，且本节内容更偏向于研究消费类，在此不过多阐述其研究方法。

此外，投资者经常遇到的是分析在港股、美股上市的大型软件公司，建议用业务分割法研究，即将大型公司的业务细致拆分，逐个估值，然后叠加。对于不盈利的软件公司（这种公司大多在盈利要求比较低的美国或中国香港上市，有些是非常注重研发，而把盈利放在其后，甚至是 5 ~ 10 年之后），估值方法有两种：一是公司有比较明确的盈利目标，可以在一两年后盈利，用未来的 PE 或 EBITDA 乘以合适的估值倍数后折现到现在，可以得到目前合理的价位；二是用 DCF 法，对于那些明显不注重盈利的公司（但不代表这类公司不想给股东带来价值，价值有时候不仅是分红，公司技术的"护城河"和知识产权等也是价值），可以用长时期的 DCF 法将未来 5 ~ 10 年的现金流贴现到当前，得到合理的价值。值得注意的是，这类不盈利的研发型公司股票在从不盈利转盈利时，往往有巨大的涨幅，后文会介绍一个具体的实战案例。

三、医药行业的研究方法

医药行业也是一个牛股频出的行业，而且本身就是一个逆周期、重研发的行业。在过去 10 年里，医药行业无论在美股还是 A 股都有巨大的超额收益（见图 3-6）；从基本面来看，全球医药行业收入呈巨幅增长态势。

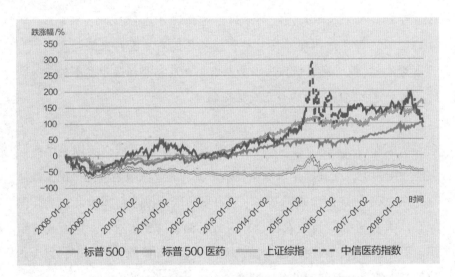

图 3-6　过去 10 年美国、中国医药股的涨幅和主要指数对比

资料来源：Wind

医药是什么样的行业？可能有人会认为，不就是卖药的嘛。实际上医药是个非常大的行业，认识它的本质非常重要。

第一，医药行业是一个传统行业，属于必需消费品，这是传统的老范畴。第二，新时代里医药行业是科技行业，因为能够实现科技创新来治病救人，而且好药、有奇效的药可以提价。第三，从全球范围看，医

药行业都是一个高度管制的行业，不管是医药产品的创新研发还是后端的保险报销付费，都受到政府的高度管制。

谈到医药，很多人比较困惑的是医保。

医保指社会医疗保险。社会医疗保险是国家和社会根据一定的法律法规，为向保障范围内的劳动者提供患病时基本医疗需求保障而建立的社会保险制度。基本医疗保险基金由统筹基金和个人账户构成。职工个人缴纳的基本医疗保险费全部计入个人账户；用人单位缴纳的基本医疗保险费分为两部分，一部分划入个人账户，一部分用于建立统筹基金。2016 年 1 月12 日，国务院印发《关于整合城乡居民基本医疗保险制度的意见》，推进城镇居民医保和新农合制度整合，逐步在全国范围内建立起统一的城乡居民医保制度。

从医疗付费端来看，我国的医疗体制跟美国不同，美国是以商业保险制度为主，而我国是以国家补贴为主、商业保险为辅的全民医疗体制。在 2009 年之前，我国基本上只有城镇医疗保险；2009 年之后，国家在广大农村推广新型农村合作医疗，简称"新农合"，是由政府组织、引导、支持，农民自愿参加，个人、集体和政府多方筹资，以大病统筹为主的农民医疗互助共济制度。

从医院端来看，我国医疗机构的主体是公立医院，因为财政困难，发改委在 2006 年之后允许县级及以上医院实施不超过 15% 的药品进价加成以增加医院的收入。药品加成造成医院的创收冲动，盲目给病人开大处方、过度医疗、过度检查等问题都是在这个制度下诞生的，这也是医患矛盾的聚焦点之一。2012 年，国务院办公厅发文取消了药品加成，相信这种情况会逐渐改善。

从药品端来看，2009 年开始推广国家基本药物制度，基本医疗保险药品分为两类，甲类指的是全国统一的能够保证治疗基本需要的药品，这类药品可以享受基本医疗保险基金的给付；乙类指的是可以享受部分支付的药品，它的给付过程是职工先自己支付一定比例的费用，再用医疗保险基金按照标准来给付。同时，各省以统一的招标平台采购基本药物，未来可能在全国范围内统一议价、统一采购。能否进入基本药物目录，是产品能否放量的首要因素。近几年来，对抗癌药等关系着很多社会问题的仿制药品，国家进一步开展了"一致性评价"等措施。

以上内容基本概述了我国医疗体制框架，未来政策方面的发展也基本上会从这几个方面来进行，对我国各医药细分领域的发展产生重大影响。自 2009 年以来，医改成为医药行业重要政策，本书仅给出重点信息，有兴趣深入研究医药行业者有必要重点了解整个医改情况，以及各种政策的具体方案和应用。下文介绍医药各个细分领域的投资方法论。

化学药

化学药是目前临床应用的主要药物种类，适用症非常广泛，包括心血管疾病、癌症、糖尿病等。化学药也是医疗费用支出的重要领域，在医保控费的大背景下，整个药品行业增速放缓（见表 3-2）。药品行业是打击医疗领域商业贿赂的重要战场，在此背景下，药品行业将发生深刻的结构性变革，有利于行业龙头的发展。

表 3-2　世界主要化学药销量情况

排名	治疗领域或药名	2016 年世界总销量 /10 亿美元	预计 2022 年世界总销量 /10 亿美元
1	肿瘤	93.7	192.2
2	糖尿病	43.6	57.9

续表

排名	治疗领域或药名	2016 年世界总销量 / 10 亿美元	预计 2022 年世界总销量 / 10 亿美元
3	抗风湿药	53.3	55.4
4	抗病毒药	48.5	42.8
5	疫苗	27.5	35.3
6	支气管扩张	28.3	30.1
7	感官药	20.2	28.3
8	免疫抑制剂	11.6	26.3
9	抗高血压药	24.8	24.4
10	抗凝血药	14.1	23.2
11	多发型硬化症	21.6	21.7
12	皮肤病	10.5	19.9
13	抗纤维蛋白药	11.6	17.1
14	抗高血脂药	13.8	13.4
15	抗细菌药	10.5	12.8
Top15 之后	其他	369	500
合计		802.6	1100.8

资料来源：德勤咨询

　　研究化学药，重点之一是自上而下地看清趋势。例如我国进入老龄化社会，抗肿瘤药的比重在药品支出的"总篮子"里就会上升；糖尿病等老年病会占医药支出的很大部分；在工作压力整体偏大的情况下，神经类药品的比重会上升。在研究上市公司时，这些是要关注的细微行业变化。

　　另外还要看上市公司的质地和产品。具体来说，对于公司质地，要自下而上地看上市公司的创始人、目前主要经理人的背景和能力。在越来越注重研发的当代，合适的化学药公司管理层一般至少要有几个技术专业背景特别强的领军人物。对于产品，要看产品是否属于大品种，在产品迭代中的次序如何，是原研药、首仿药还是仿制药等。

　　原研药，即原创新药，经过对成千上万种化合物层层筛选和严格的临床试验后才得以获准上市。在我国，原研药在很多情况下是指过了专利保护期的进口药。

　　首仿药在美国指的是根据《药品价格竞争和专利期恢复

法》，在"专利无效或者批准正在申请的药物不会侵犯专利"
的情况下，第一个仿制申请者将拥有 180 天的市场专卖权。
国内首仿药主要是指"国内首先仿制生产并上市销售的仿制
类药品"。

仿制药是指与商品名药在剂量、安全性、效力、质量、
作用、适应症等方面相同的仿制品。2016 年 3 月 5 日，国务
院办公厅印发《关于开展仿制药质量和疗效一致性评价的意
见》，要求化学药品新注册分类实施前批准上市的仿制药，凡
未按照与原研药质量和疗效一致原则审批的，均须开展一致性
评价。仿制药在质量、疗效上与原研药能够一致或高度一致，
在临床上与原研药可以相互替代，有利于节约医药费用。

对于真正自己研发的"原研药"，除了有专利保护之外，还有研制
技术上的优势，难以被模仿，而且因最早进入市场而更容易获得市场知
名度。但问题在于目前尖端的生物药（或者叫"大分子药物"）都被国
外医药巨头垄断，它们投入数亿或数十亿美元来开发药物，技术壁垒是
非常高的。我国在小分子药物上有优势，最近 10 年才开始追赶研究大
分子药物。不可否认，大分子药物是未来的主力方向，尤其是在抗癌药
方面。

分析一家医药公司的质地时，了解它是否具有持续研发和销售的能
力很重要，但计算公司价值时的重中之重还是产品（药）。对于已经上
市的药品，根据单药的市场空间、未来目标份额、药的毛利和研发投入
等推算出单药总价值，从而进一步得到标的公司的总价值。由于医药行
业利润较大，很多原研药还在研发阶段就被估值。在对净利润没有要求
的港股和美股，出现了一些销售收入基本为零就上市的公司，其估值的
依托就是未来其在研产品（创新药）的价值。

更具体地说，化学药可分为两种，一种是创新药，风险集中在临床

阶段，是完全前置的，只要上市就是独家产品，可以迅速放量。因此，创新药企业总是先赚估值的钱，估值提升意味着获批上市的概率提高。另外一种是仿制药，风险集中在市场阶段，研发投入低而且几乎不会失败，导致竞争激烈。因此，仿制药企业赚的是 EPS（每股收益）的钱，销售额越高，估值越高，与能否上市无关。

对于创新药企业，因为还未盈利，所以不直接使用 PE 方法估值，而是使用以下两种方法估值：第一种方法是直接比较收购价格，参考在性质、市场方面可以做比较的一级市场的并购或上市价格，得到估值；第二种方法是结合药品的生命周期进行估值，因为新药的上市通常要经历漫长的审核周期和很大的不通过审核的风险，所以预测收入后，就是预测通过审核的概率。

运用现金流折现法，第一步是预测新药研发项目未来可能产生的现金流，第二步是选择合适的折现率，折现率不仅包含了投资资本的时间价值，也包含着研发项目的风险因素。在新药研发的不同阶段，风险不同。越是处于早期的研发项目，风险越高。针对新药研发项目所处的研发阶段，在折现率的选择上应充分考虑相应的风险因素。

在通过美国食品药品监督管理局（FDA）审核之前，应该考虑药品的现金流、通过审核的概率；在通过审核的第二阶段，要考虑放量期的现金流；在产品生命周期的最后阶段（一般是通过审核后的 10 ~ 20 年），要计算其残值。这种 DCF 估值法的参数众多，有很多不确定性。风险和回报都很高，是在研发期投资创新药的主要特征。

药品上市之后，除了现金流估算法，还可以考虑相对估值方法，如 PS（市销率）和渗透率法。一般在新药上市的头两年，PS 可以给到 3 ~ 10 倍。渗透率法一般针对小众药品，采用"人口基数 × 发病率 × 渗透率 × 疗程费用"的方法估值。

对于仿制药的估值，由于仿制药一般不存在审核期的问题，更适合用 PS、PE 或渗透率法等传统估值方法进行测算。值得一提的是，在我国鼓励一致性评价的政策形势下，仿制药仍然会有非常长的景气期。

化学原料药

化学原料药是很多大宗常见药品或食品的基础原料（例如维生素A）。化学原料药企业的投资方法其实与周期品的差不多，投资者要熟悉大宗原料的供给和需求是多少、需求和供给方面是否有垄断、竞争格局如何、环保政策怎样，还要跟踪商品价格的变化。

很多化学原料药是很成熟的产品，供给侧一般都呈寡头垄断的情形，有的厂商具有很大的市场份额，甚至有定价话语权。常见案例是国外的厂商关停产能，导致产品价格上涨，上市公司受益。在这种情况下，其实更重要的是判断什么时候关停和关停多少的问题，因为信息的滞后性，在关停产能导致价格上涨之前，股价往往已经反映出来了。由于化学原料药的分析框架和周期品的类似，在此不做过多阐述。

中药

细分领域的医药行业的阶段性兴衰大多由政策主导。A 股的中药医药股曾占据重要位置，市值接近整个医药板块的一半，不过中药的有效性在近几年开始受到质疑。中药行业的创新能力比较弱，过去的创新基本上都只是剂型"创新"，依靠公关进入基本药物目录，做独家专利，促进营销，在治疗方面的医学验证相对不足。中短期内，中成药最大的问题是靠营销做起来的很多辅助治疗注射剂受到医保控费的限制。这对中药，尤其是中药处方药来说，是中长期的压制因素。

从产品来看，中药主要分品牌中药、现代中药、中药饮片（中药配方颗粒）和中药OTC（非处方药）等。相对而言，品牌中药由于其强大的品牌效应和一定的类消费属性，在中药板块呈现一定的逆周期属性，即受经济周期影响不大，且品牌效应为其提供了较深的"护城河"。品牌中药企业一般具有以下特点：

＊品牌历史悠久，拥有1～2个独有核心品种；

＊对"上下游"掌控能力较强，对产品价格有议价权；

＊注重品牌营销和零售渠道开发，药店收入占比大；

＊技术研发着眼点在于现有核心品种的二次开发，投入不大。

品牌中药的消费属性很强，在牛市中往往被当作消费股；在熊市时，品牌价值往往会为公司提供安全垫。另外，盈利的持续增长和品牌的横向延伸（例如从中药转为日化或快销品），使部分品牌中药公司的市值出现了大幅增长，但这种增长与以研发为主的化学药企业有本质区别，投资者可以仔细体会。

现代中药和中药饮片的共同特点是：

＊基于中医传统配方，类似于化学药，并在剂型或机理上向西方医学靠拢；

＊瞄准心脑血管疾病、抗肿瘤、清热解毒等领域；

＊单价低，医院渠道（尤其是中医门诊）是营收增长的关键，但中药注射剂近年来受到医保控费的限制。

中药OTC行业与现代中药、中药饮片类似，只是针对病种为OTC的感冒、腹泻等疾病，并且一般销售费用高、研发费用相对较低。现代中药、中药饮片、中药OTC等行业目前处于比较尴尬的境地，在医理没有革命性的成功或者没有比较大的政策推动的情况下，还难以看到未来能长期发展的趋势。投资这三类企业，要提防价值陷阱，即PE或PB不一定是公司安全边际的全部，如果某种产品逐渐被淘汰出市场，那么即使当前相对估值很吸引人，也不值得买入。此外还要注意分析毛利率的变化和非主营业务收入，判断主营业务的真实变化。

医疗器械

医疗器械的市场规模较大，是除了化学药之外，研发创新较多的"根据地"之一。根据多方预测，2022 年全球医疗器械的年销售额会达到 5000 多亿美元（见图 3-7）。我国医疗器械行业也处于快速发展中，2017 年全国销售收入超过了 5000 亿元。

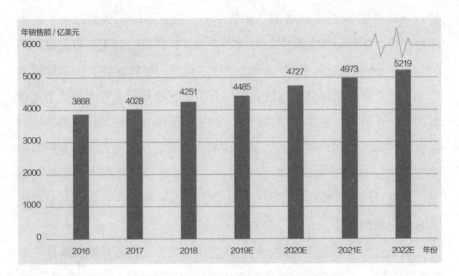

图 3-7　全球医疗器械的年销售额

资料来源：德勤咨询

医疗器械领域可根据产品用途进一步细分为很多子行业，比如 IVD（体外诊断试剂、器材以及药品）、心血管、影像类、骨科、眼科、整形科、内窥镜、药物传输系统、牙科等，这些子行业的市场规模都不小，全世界眼科的医疗器械就有 300 亿美元的销售额，IVD 有 600 亿美元以上的销售额。对于科技行业，如果有 200 亿美元的市场规模，往往就可以诞生市值超过 100 亿美元的公司（通常称为"超级独角兽"）。

研究医疗器械公司，首先要判断的是政策环境。医疗器械和药品有

一个很大的不同之处：有些医疗器械产品并不是直接出售给患者的，比如耗材，其成本包含在服务费用中（典型例子就是 IVD 包含在检测费用里）。显然，服务收费占比的提升，对那些包含在服务费用中的器械耗材和能为患者提供诊断、治疗的器械设备的销售有利。但如果医院控制成本，那么这些耗材的销售压力将较大。

此外，要了解医疗器械的研发和上市流程。医疗器械类公司的研发投入没有创新药那么大，利润和技术壁垒也不及创新药。从审批流程来说，器械类也要通过 FDA 或 NMPA（中国国家药品监督管理局）的审批和注册。医疗器械一般实行分级审批制度，即风险越大，审批越严格（国内是从 I 到 III 级，风险逐渐加大）。而且一般风险越大的医疗器械产品，研发难度就越高。目前，国内上市的医疗器械企业产品处于比较低的 I 和 II 级，大多属于偏消费类（例如脉搏仪等）而非科技型。研究医疗器械需要应用多种学科知识，技术突破需要长久的投入。A 股的很多上市医疗器械公司只是在中低端产品方面竞争，大多数企业毛利率低，未来可以关注集中于研发且能力强的企业，能够替代进口且靠低成本走向全球的企业。

最后，要了解医疗器械的销售和流通情况。医疗器械的市场推广是非常重要的，不像有的创新药企业只要产品好就可以，医疗器械公司即使有好的产品，也要注重销售，所以看企业质地的时候要两者并重。

医药流通

医药商业流通是指连接"上游"医药生产厂家和"下游"经销商以及终端客户的一项经营活动，主要是从"上游"厂家采购货物，然后批发给"下游"经销商，或直接出售给医院、药店等零售终端。商品流通渠道一般可分为两种：一是批发，二是零售。批发是药品、器械市场的流通渠道，是由生产商通过配送商将产品销售给医院、基层医疗机构和药店，其间也可能存在一级经销商向下级经销商销售的情况。零售是零售药店通过经销商或直接向厂家购进药品，并将药品销售给个人消费者。批发往往具有量大、毛利润低的特点，零售则具有高毛利、高销售费用的特点。

我国过去是医药不分家，直接结果就是医院售药在药品零售中占绝大部分，这种局面随着医改正在改变，未来医院收入里药的占比会降到30%以下，服务的占比会相应提升。政策是主导医药流通这个子行业变革的重要力量。

医药流通的批发模式可以分为直销、调拨和 DTP 三种：

直销：药品由"上游"供应商（既包括医药工业企业，也包括医药商业企业）供应至直销商，由直销商供应至医院或药店等终端。药品流通过程表现为经过药品直销商直接配送至药品零售终端，亦被称为"直接配送模式"。直销毛利率一般为 6% ~ 8%。

调拨：亦称为"分销"，主要指医药商业企业将自己采购的医药产品销售给另外一个医药商业企业而非终端使用客户。调拨业务毛利率一般在 6% 左右。

DTP：对于新特药，制药企业寻找零售药店进行特定产品合作，通过签订协议代理销售特定产品。这类业务一般由零售药店负责，中国目前从事 DTP 业务的企业既有批发企业又有零售企业。

我国医药流通行业的特点之一是批发、零售集中度较低，中国的医药分销网络非常零散。全国有 13000 多家分销商，其中大部分仅负责一个当地市场或者一两家医院，三家最大的分销商占了 30% 的市场份

额。而美国的医药市场容量几乎是中国的两倍，三家分销商（麦克森、卡地纳健康、美源伯根）占了 95% 以上的市场份额。分散的医药分销网络使医药流通的成本很高，这也是目前政策改变的重要方向之一，商务部于 2016 年 12 月印发了《全国药品流通行业发展规划（2016—2020 年）》，其中规定到 2020 年批发百强企业年销售额占药品批发市场总额的 90% 以上；零售百强企业年销售额要占药品零售市场总额的 40% 以上，药品零售连锁率要达到 50% 以上。

我国医药流通行业的特点之二是政策影响大。随着"两票制"的推行以及可以预期的其他政策，批发行业的市场空间将不断整合，商业集中度有望提升，批发龙头企业对"上下游"的话语权增强；以往医院售药占绝大部分的格局将被打破，零售药店将承接起更多药品流通职责。

"两票制"是指药品从药厂卖到一级经销商开一次发票，经销商卖到医院再开一次发票，以"两票"替代目前常见的七票、八票，减少流通环节的层层盘剥，且每个品种的一级经销商不得超过两个。2017 年 1 月，国务院医改办同国家卫生和计划生育委员会等 8 个部门联合下发通知，明确综合医改试点省（区、市）和公立医院改革试点城市的公立医疗机构要率先推行药品采购"两票制"，鼓励其他地区执行"两票制"，以期进一步降低药品虚高价格，减轻群众用药负担。

在当前形势下，选择医药流通行业的上市公司主要是看它受益于政策的幅度，当然全国性企业和一些地方国企是受益最大的。行业天花板的存在，是政策受益类上市公司的普遍问题，但在 3 ～ 5 年高速成长期之后，一般增速都会恢复原状。同时，医药流通类企业的市场份额一旦确定，业绩一般很少会快速下滑，经营效率的提高是公司长期前进的动力，所以可以看作价值类股票（一般具有低 PE 的特征）。此外要注意医药批发企业的毛利率为 6% ~ 8%，净利率为 1% ~ 3%；零售企业的毛利率为 36% ~ 40%，净利率为 3% ~ 6%。在估值时，一般在稳定扩张期采用 PE 估值，在快速扩张初期采用 PEG 估值。由于医药流通企业偏消费属性，且与商超类公司可比性强，大家可以参考下文中关于商超零售的内容。

医疗服务

医疗服务可具体分为专科医院、综合医院、体检服务和医药研发服务等。前三者的背景类似，都是在公立医院部分功能释放给民营企业的过程中带来的红利。近 10 年，各类眼科、牙科医院兴起，私立高端医院逐步成长，民营体检机构遍地开花。

专科医院和民营体检机构的市场空间大，有较成熟的商业模式，并且容易"复制"，"护城河"相对而言比较容易积攒。专科医院的"护城河"就是服务水平、技术水平、品牌。专科医院的资产越轻，成长性越好。相对而言，综合医院的资产重、投资周期长，"复制"扩张不太迅速。目前国内民营综合医院还难以在医疗水平上形成很强的优势，但在服务水平上可以建立很好的"护城河"。对于这三种医疗服务企业，除了研究"护城河"之外，可以跟踪开店数目、就医人数、单价等信息。如果所在城市或地区有分支机构的话，去现场调研能直观地了解经营情况。

医药研发服务属于 2B 业务。随着医药研发投入的持续增长，大型企业有把部分研发外包给国内企业的趋势，这就形成了所谓的 CRO。

CRO 是医药研发合同外包服务机构，出现于 20 世纪 80 年代，是一种学术性或商业性的科学机构。申办者可委托该机构执行临床试验中的某些工作和任务，此种委托必须有书面规

定，目的是通过合同形式让专业公司向制药企业提供新药临床研究服务。

药企对研发的重视不断加强，又希望通过分包整合来降低研发成本，而 CRO 行业在取得 FDA 审批的医院临床试验环节更有经验，可以帮助企业较快获得临床试验数据、减少申报时间，因此 CRO 行业得以快速发展。近些年，国家鼓励药企研发以及一致性评价等政策的发布，都加大了医药公司对 CRO 的需求。中国的 CRO 市场在 2020 年有望达到 1000 亿元的收入规模。

CRO 企业分为临床前 CRO 和临床试验 CRO 两大类。临床前 CRO 主要从事化合物研究服务和临床前研究服务，化合物研究服务包括调研、先导化合物和活性药物中间体的合成及工艺开发，临床前研究服务包括药代动力学、药理毒理学、动物模型等。临床试验 CRO 主要以临床研究服务为主，包括 I 至 IV 期临床试验技术服务、临床试验数据管理和统计分析、注册申报、上市后药物安全监测等，是 CRO 市场的重要组成部分。

CRO 本质上是一种 2B 服务型业务，所以和 2B 软件公司有类似之处。研究 CRO 类上市公司，主要关注其内部技术壁垒的抬升和客户资源的累积。技术壁垒反映在服务种类和质量上，例如服务种类包括候选药物的生产工艺改进、实验室小试或中试、新药临床试验各阶段的监察和数据分析服务、新药申报服务、临床协调及现场管理服务等。对于客户资源，主要是看对接的客户数量、规模、集中度等。一家好的 CRO 公司有一定的客户分散度，以分散客户流失的风险；如果 CRO 公司前五大客户集中度超过 70%，那就有一定的客户侧风险。

CRO 的收费模式一般分为 FTE 和 EFS 两种。

FTE（Full-Time Equivalent），全职人力工时。在一定服

务期限内，配置不同级别的研发人员提供服务。以一个工作人员在一定时期内全部法定工作时间的计算单位为基础，把非全时工作人员数折算为全时工作人员的数量。

FFS（Fee-for-service），按服务收费。根据客户对最终试验结果的要求拟定具体的试验方案，或者按照客户的要求/初拟的实验方案进行试验，并将试验结果（一般为化合物或试验报告）在约定的研发周期内交给客户。收取的费用取决于具体试验的类别、方法、待测化合物数量等。

CRO 企业的估值一般也是用 PE 或 PEG 方法。CRO 行业整体增速较快，目前 A 股和 H 股中的 CRO 企业都比较贵。CRO 也是一种人力密集型产业，人均单产（企业总营业收入 ÷ 总人数）是一个重要的考查指标，由此可以看出公司是更加偏重于技术还是人力。对于人均单产较低的公司，估值应该打折扣。此外，在研究 CRO 企业时也要注意政策的驱动和"天花板"，虽然目前形势是好的，但仍然是 2B 行业，"下游"客户是全球大型研发型药企。在创新药行业整体估值高的时候，CRO 企业往往会被赋予更高的估值。

医药是一个子行业繁杂且丰富的行业，除了上述子行业之外，还有疫苗、血液制品等重要行业，由于篇幅限制，在此不做过多描述。

四、科技行业类公司研究实例

科技类公司往往重研发轻盈利，在这种情况下，对科技类公司的估

值成为一个难点。不过，估值仅仅是研究科技类公司的冰山一角，"吃透"上市公司的商业模式、了解公司的经营模式、熟悉利润来源是更主要的。科技类公司也不是完全不顾利润，股东（尤其是来自 VC/PE 的股东）在一定情况下会给管理层压力以释放利润，从而给股东带来实际价值。

下文列举一个 2C 软件公司 W 的投资案例，W 公司是在纳斯达克上市的中概股，是中国在网上社交细分领域的龙头公司之一，具有较高的知名度，上市时还没有盈利。研究互联网公司的基础是 DAU，MAU，好的 DAU，MAU 反映了公司的活跃度，也是潜在的可以兑现利润的增长点。

> DAU（Daily Active Users），日活跃用户数量，简称"日活"。常用于反映网站、互联网应用或网络游戏的运营情况。DAU 通常统计一日（统计日）之内，登录或使用了某个产品的用户数（去除重复登录的用户），这与流量统计工具里的访客（UV）概念相似。
>
> MAU（Monthly Active Users）是一个用户数量统计名词，指网站、App 等月活跃用户数量（去除重复用户数）。
>
> 通常会将 DAU 和 MAU 一起使用，这两个指标一般用来衡量服务的用户黏性、服务的衰退周期。

在上市初期，W 公司并没有盈利，但 DAU，MAU 呈现出良好的增长势头（见图 3-8）。从电话会议、季报中得知，W 公司的 DAU，MAU 增长的主要驱动力是从一线城市往二、三线城市"下沉"。这对于互联网公司来说是长期驱动力，一般情况下可以维持两年以上的增长。从 DAU，MAU 来看，比值维持在 44% 以上，是比较健康的，说明用户的留存率是稳定的；最新几个季度的环比增长都在 5% 以上，说明该公司的市场推广比较有力。

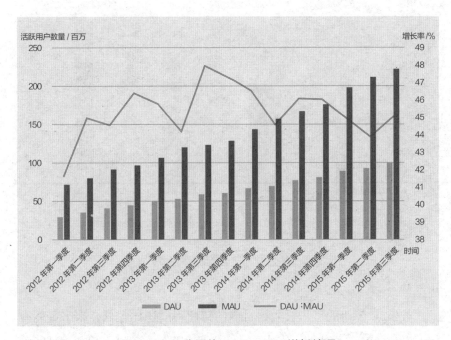

图 3-8　W 公司的 DAU，MAU 增长情况

W 公司之前不盈利的原因是它只做社交，尤其是移动社交。从 2013 年年底开始，W 公司宣布开始打广告，从而进行 monetization（货币化），这是互联网行业中非常重要的名词，表明公司开始注意将流量转化为利润。这往往是投资的第一步，因为流量变现立刻反映在收入端。第二步就是看公司能否既保持用户的增长，也保持收入的增长。对于互联网公司来说，是可以通过打广告来变现部分流量的。在美股上市的另一家科技公司 T 和 W 公司的业务类似，可以比较这两家公司的广告收入、MAU。（见图 3-9）

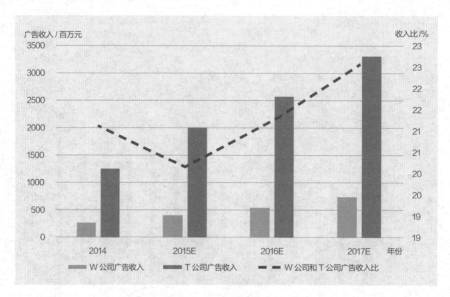

图 3-9　W 公司和 T 公司的广告收入对比

对于 W 公司的广告收入，目前的招商程度还比较低，未来可能有较大提升。W 公司的业务在中国，T 公司的业务在美国，但考虑到两国广告行业的投放比例（25% 左右），笔者认为随着时间的推移，两家公司的广告收入、MAU 也会提升。再根据两家公司 MAU 目前的增速，取其过去一年的季度平均增速做参考，可以得到 W 公司未来广告业务的大致增长速度。

因为网上广告流量资源有水涨船高的趋势，W 公司的广告业务有超预期的可能，另一大互联网巨头在 W 公司的广告投放也可能超预期。不过具体情况，需要跟踪分析公司的声明和季报。

2015 年年末，W 公司宣布进入视频广告和移动直播领域，这些都是潜在增长点，会把公司推向更好的方向。

关于公司估值，第一种是 PE 法。W 公司在 2015 年中报已经实现了盈利，且根据货币化进程，公司的管理层将盈利作为考核指标。因此，未来收入端和利润端的增速预测成为关键，PE 和 PEG 是比较适用的估值方法，具体的估值比例和业绩增长关系很大。在美股这样的有效市场，一旦互联网公司的业绩端或收入端增速下降，估值也会迅速降低，所以很多 10 倍 PE 的互联网公司并不一定会被投资者青睐。

第二种是用户价值法。DAU，MAU 是衡量互联网公司的重要指标，用 MAU 乘以单用户价值是一个常用的办法。彼时笔者参考几家美国互联网公司和中国互联网公司的单用户价值，给予 W 公司 MAU 单用户价值 20 ～ 30 美元估值，5% ～ 10% 的 MAU 增长幅度，2017 年目标市值 60 亿～ 100 亿美元，日涨幅为 100% ～ 200%。之后，公司基本面不断超预期，股价也大幅增长（见图 3-10），市值最高时超过 250 亿美元。

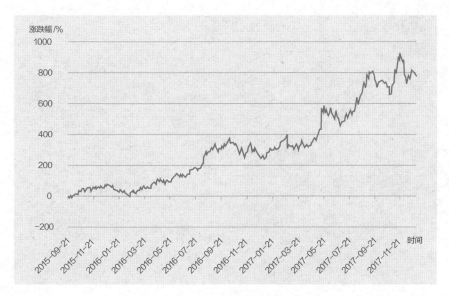

图 3-10　W 公司的股价表现

资料来源：Wind

第 **4** 章

怎么进行行业研究
——消费行业篇

一、消费行业综述

中国股市已有近30年历史了，从不成熟到逐渐成熟，牛股也层出不穷。春去秋来，人来人往，从长线大牛股来看，消费和医药行业是产生长线牛股较稳定的行业。在全球股市，这个现象是普遍存在的。

消费行业的范围很广，按大类可分为耐用性消费品、非耐用性消费品、奢侈品、服务业等，涵盖吃、穿、住、用、行的各个方面。表4-1、表4-2分别列举了A股和港股最近15年表现最好的25只股票及其所属的行业。

表4-1 A股最近15年涨幅最大的25只股票及其所属行业

证券简称	区间涨幅	中信行业分类
长春高新	9560.57%	医药
华夏幸福	9477.52%	房地产
三安光电	8618.43%	电子元器件
格力电器	7362.76%	家电
恒瑞医药	7232.14%	医药
古井贡酒	6389.34%	食品饮料
恒生电子	5545.21%	计算机
贵州茅台	5279.49%	食品饮料
康美药业	5023.31%	医药
华兰生物	4062.74%	医药
通化东宝	4029.24%	医药
通策医疗	4025.78%	医药
华东医药	3910.17%	医药
中天金融	3554.97%	房地产
片仔癀	3421.96%	医药
方大炭素	3219.53%	建材
双鹭药业	3195.96%	医药
苏泊尔	3151.72%	家电
新和成	2827.69%	医药
中航机电	2814.12%	国防军工
中炬高新	2769.60%	食品饮料
北方稀土	2704.48%	有色金属
泸州老窖	2693.63%	食品饮料
中鼎股份	2687.02%	汽车
上海家化	2568.26%	基础化工

资料来源：Wind

表 4-2　港股主板最近 15 年涨幅最大的 25 只股票及其所属行业

证券简称	区间涨幅	Wind 行业分类
腾讯控股	17894.89%	信息技术
高山企业	13932.56%	房地产
南华集团控股	9849.11%	可选消费
恒大健康	8379.21%	可选消费
亿胜生物科技	6768.56%	医疗保健
中国投资基金公司	6309.02%	金融
李氏大药厂	6111.43%	医疗保健
新源万恒控股	6106.51%	材料
申洲国际	5622.14%	可选消费
远大医药	5192.20%	医疗保健
中国建筑国际	4379.07%	工业
伟仕佳杰	4121.07%	信息技术
吉利汽车	4060.34%	可选消费
兆邦基地产	3854.84%	工业
伟禄集团	3307.53%	材料
汉能薄膜发电	2995.00%	信息技术
上海复旦	2928.66%	信息技术
威高股份	2852.22%	医疗保健
海航科技投资	2767.30%	信息技术
石四药集团	2748.96%	医疗保健
复旦张江	2657.33%	医疗保健
六福集团	2602.08%	可选消费
舜宇光学科技	2580.17%	信息技术
中国生物制药	2499.81%	医疗保健
金蝶国际	2459.57%	信息技术

资料来源：Wind

从表 4-1、表 4-2 可以看出，在 A 股最近 15 年涨幅最大的 25 只股票中，有 17 只属于消费（家电、食品饮料、化妆品）和医药类；在港股主板最近 15 年涨幅最大的 25 只股票中，有 12 只属于消费和医药类，但其实信息技术行业里也有很多是和 2C 偏消费的软件相关的股票。医药股有很强的消费股属性，消费股和医药股能够长期战胜市场是一种规律。如图 4-1 所示，过去 15 年（2003—2018）只投资食品饮料，其指数就能战胜上证综指。

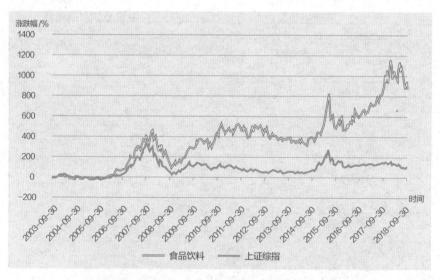

图 4-1 过去 15 年食品饮料指数的价格走势

资料来源：Wind

美国和日本类似，消费股都曾出过大牛股。众所周知，"股神"巴菲特就是一个消费股的忠实爱好者。

近几年，这个趋势有所转变，体现在美国市场最近 20 年里，科技股中出牛股的概率越来越高，因为美国经济的核心驱动力已经偏重于科技。但美国在 20 世纪 70—90 年代，消费股确实是牛股"集中营"。

为什么大消费领域中容易出长牛股呢？这和消费品的特性息息相关。

一是消费股周期性弱，经营业绩受经济周期的影响不大。

消费品一般可分为必需消费品和可选消费品。对于必需消费品，需求量是非常刚性的，不怎么受经济周期的影响。从价格来说，鉴于当前所属的阶段，通货膨胀压力虽然比过去 20 年有所缓解，但还是比较大，表现在输入型通胀、需求拉动的通胀等辗转反复，拉动价格上行。因此对于必需消费品而言，至少价格会引导收入的上升。随着社会的进步，必需消费品有逐渐向可选消费品转化的迹象，表现在不但要吃，而且要吃绿色、健康的，这就是"消费升级"。

消费升级同样发生在可选消费领域。例如，20 年前，人们的主要消费点是吃，只是希望吃得好点。随后，除了吃的，还对用的有了一定的要求，比如对冰箱、彩电、空调等有了要求。进入 21 世纪以来，随着互联网的发展，人们的消费需求更加多元化，除了吃的和用的，休闲娱乐的需求越来越大，例如海外游、主题公园等消费需求出现且相关行业飞速发展起来。现在，亲子经济、养老消费、文化消费等层出不穷。

再者，由俭入奢易，由奢入俭难，许多消费需求一旦产生就很难消失，例如现在装修房子必然要求家电齐全。刚性是"摆"在那里的，只不过增速有快慢而已。

值得一提的是，消费的价格水平越高，从必需消费过渡到可选消费的过程，也是消费的周期性越来越强的过程，大件消费（例如房地产、汽车）其实和宏观经济也就有了比较强的联系。这就是把这部分股票归为周期股研究的原因之一。

二是自上而下的经济发展阶段表明消费可能是我国资本市场一条比较长的"跑道"。

当资金积累到一定程度之后，消费成了必然。同时，国家整体长期经济增长力来源于生产的核心要素。Cobb-Douglas 函数（柯布 - 道格拉斯生产函数）表明：

$$Y(t) = A(t)K(t)^{\alpha}L(t)^{1-\alpha}$$

其中 A 函数是科技创新带来的生产力增量，K 是资本投入，L 是人力资本投入，所以科技创新是长期增长力，如果在此方面后劲欠缺，唯一可以长期依赖和投资的就是消费。在美国二十世纪七八十年代的痛苦经济转型期，周期行业的比重明显下降，转型期结束后呈消费和科技双重拉动的局面。我国的消费目前还在拉升过程中，从过去 20 年的 GDP 占比就能看出；且消费（服务业）的上升趋势还未结束，离欧美 70% 左右的占比还有一定空间。（见图 4-2）

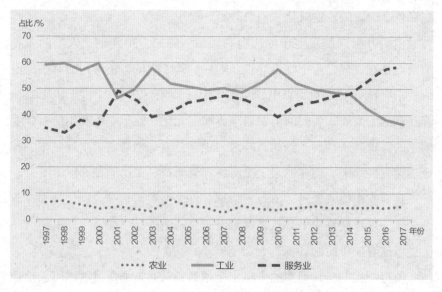

图 4-2   1997—2017 年我国 GDP 构成情况

资料来源：Wind

三是经过竞争后易形成品牌效应。

一个新的消费子行业出现时，往往会有大量的企业和资本聚集，试图分一杯羹。当行业混战到了一定时候，部分企业经过长期经营和资金投入形成较强的品牌壁垒和规模优势，获得行业垄断地位，属于品牌垄断或由品牌延伸出来的文化垄断，垄断地位更稳定。

因此，消费品龙头企业的"护城河"比其他行业龙头企业的更宽、更深，更有利于抵御新进入者，竞争优势持续时间更长。典型例子是白酒行业、调味酱行业等，老干妈基本垄断了 7～9 元调味酱的市场。

四是形成品牌后会具备行业定价权。

行业定价权体现在消费者的认知中，一旦品牌形成，品牌印象越强，则对定价权的掌控力越高。一旦获得了行业的一致性认知，产品的价格就并不是最重要的因素了，因为即使提高产品价格，消费者的消费倾向也不会变，销量并不会减少。体现在报表中则是经营性现金流极好，毛利润持续高位，ROE 持续提高，无有息负债或者有息负债很少，预收款多，应收款少或者没有。

根据消费行业的性质，下文首先介绍"逛街喝酒吃饭买衣服"；之后，消费需求会过渡到住店和旅游，它们是有了一定积蓄之后的行为；然后介绍新兴的消费品种——传媒和教育，它们是消费升级之后的另一条"跑道"；最后，结合具体投资案例，为大家揭示消费股的投资研究方法。

二、吃喝逛街

"逛街喝酒吃饭买衣服"是必需消费品的一个形象比喻，这一阶段的特点是需求刚性，在经历产业整合之后，容易出大品牌，而且一线品牌的忠诚度非常高。

商贸零售

商贸零售是消费品流通环节的基础，一般分为两部分：一是"下游"的终端（零售），例如百货商场和超市；二是批发业务，也包括商业贸易等大宗交易。

从商业本质来说，第一种商业模式是经销差价，如百货商场可以采用联营扣点，就是在商品售出后采取扣点的方式获得利润；第二种商业模式是买断式销售，超市基本上都是采取这种方法，对烟、酒、茶进行

买断，赚取差价，但有存货风险；第三种商业模式是专业市场，通过收租金的方式获得利润，类似于商业地产。

近几年电商对商贸零售的影响是巨大的，虽然商贸零售的营业模式本质不变，但经营方法受到了影响。随着人们消费习惯的变化和科学技术的发展，零售业态也在不断创新，而且这种进程还在加速自我迭代与自我更新中。2016年10月，马云在云栖大会上提出了"新零售"概念，认为"纯电商时代很快会结束"，"新零售"需要线上、线下和物流三者深度结合。

商贸零售行业和宏观经济有一定的联动性，主要观测指标有国家统计局的社会消费品零售（社销）总额增速、限额以上分商品类别零售总额增速、物价指数、消费者信心指数等，商务部公布的千家核心商业企业零售指数、重点商业企业销售指数（按业态）、重要节假日消费数据（春节、"五一"黄金周、"十一"黄金周）。此外，CPI和人均可支配

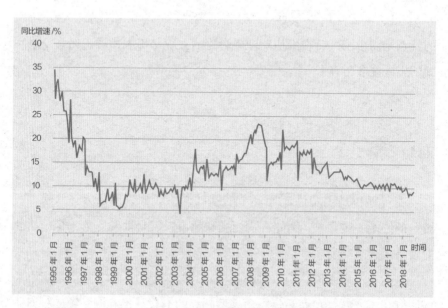

图4-3　1995—2018年我国社会消费品零售总额单月同比增速

资料来源：Wind

收入也是重要的观测指标。CPI 决定消费的价格，人均可支配收入决定消费者的购买力，对零售行业的名义增速有一定意义。综合这些数据，基本能看出商贸零售行业的趋势。图 4-3 是近几年的社会消费品零售趋势，可以得知近几年总趋势是在缓慢下降，图 4-4 却显示电商的占比在不断提高。这一方面是受近几年我国经济减速的影响，另一方面也反映了人们的消费在转移到更高层次。换句话说，人们不但在"逛商场"中省下时间，消费也在升级。

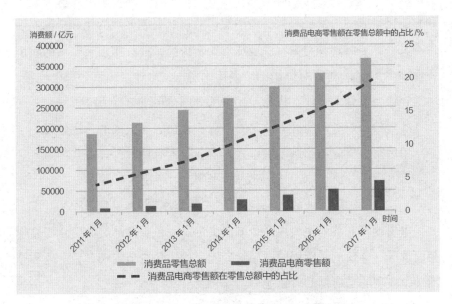

图 4-4　2011—2017 年我国电商销售规模及增速

资料来源：Wind、中国电子商务研究中心

　　零售行业的驱动因素可分为消费端与供给端两个方面。

　　消费端的驱动因素又分宏观因素和社会因素。在社会因素中，人口结构（如老龄化、婴儿潮、受教育程度等）是消费群体变化的重要影响因素。在"上游"供给端，行业政策、新兴技术、资本偏好等因素对零售行业的影响愈发强烈。例如奥特莱斯业态的兴起源于"上游"厂商处

理尾货的需求；进口电商的发展得益于新兴互联网技术与进口电商新政策，使海外商品能以更快捷的方式、更低的价格进入国内零售市场。

零售是一个既简单又繁杂的行业。投资专家不仅要懂财务，还要懂供应链和企业管理。表面上，零售毛利薄、供应链长，但也是出效率的地方。从业态发展来看，传统的百货商场和超市都在发生转变，这也是研究零售行业的乐趣所在——总是会挑战传统的商业理念，创新和内部整合引领时代发展。例如，百货商场通过专业化集成演变为购物中心，同时食品和非食品业态的专业化进一步加强，从而形成深度专业化和专业化集成两大发展趋势。中国超市的现状是朝区域深化和全国连锁极端发展。全国连锁对后台供应链的要求极高，往往全国扩张后的超市还面临全国统采和区域分采的"囚徒困境"。此外，超市、家电连锁、珠宝连锁与电商的合作，成为O2O演变的一种可能的新境界。

零售公司财务的研究方法是看单店、连锁店和电商的营运效果。

单店是百货、超市的基础单元，营业收入有两种计算方式：

$$单店营业收入 = 面积 × 坪效$$

$$单店营业收入 = 到店率 × 提袋率 × 客单价$$

单店的营业收入主要由两个方面决定：一是店铺品类的组合与品牌招商情况，体现的是店铺的商品管理能力；二是造节促销、会员返利等活动，体现的是店铺的营销能力。

毛利率可根据零售商类型的不同（经营商品、经营客流）分为两类，即经销差价毛利率与联营扣点毛利率（百货联营、专业市场等）。单店零售商的费用主要包括租金/折旧、摊销、人工、水电、财务费用（主要来自支付手续费）等。

连锁经营就是单店的汇总。连锁经营零售商的收入增长除了单店之外，更多地来自外延扩张，且更受宏观因素的影响。在营业成本方面，品类组合能力是决定连锁零售营业成本的重要因素，零售商要对各商品的供应链进行有效管理，并根据各类商品的销售情况随时做调整。此外，零售商对"上游"的强势程度（体现为议价能力）也对毛利率起着至关重要的作用。

在销售管理费用方面，开店模式（重资产/轻资产）对折旧、摊销、租金等会产生较大影响。重资产一般是物业自有，轻资产模式主要有开发商入股、租赁等方式。与轻资产模式相比，重资产模式前期投入比较多，现金流压力较大，后期费用主要体现为折旧，也没有涨租的压力。

在财务费用方面，除了手续费之外，还需考虑利息收支，利息收支方面很重要的一点在于"上下游"无息占款能力。在"上游"，国内大部分零售商对渠道商采用预付款的模式，从渠道商完成商品销售到将销售额打到零售商账上存在一定的时间差（一般为 2 ~ 3 个月）。在"下游"消费端，渠道商提供的购物卡是提前收取现金流的重要方式。

电商可分为自营式与平台式两类，两者在收入与利润的会计计量方式上存在较大差别，但在研究对象上又存在一致性。自营式电商将商品销售额直接计入收入，而平台式电商只将商品销售产生的佣金扣点等服务费计入收入。但无论是销售额还是服务费，其收入都与 GMV（网站成交总金额，包含付款和未付款的部分）紧密相关。目前 GMV 已成为衡量电商规模的主要指标。搜索引擎营销（SEM）、搜索引擎优化（SEO）、社交营销、促销是提升 GMV 的常见手段，复购率、SKU 数（单品数量）也对 GMV 有重大影响。

$$GMV= 点击量 \times 转化率 \times 客单价$$

电商营业成本的构成、分析方法与线上实体店基本相同。在销售管理费用方面，不同电商的物流费用存在较大差异。京东拥有自建物流，仓储费用在费用科目上体现为 Fulfillment Expenses（履约费用），自建物流的电商物流费用率一般较高，是造成这类电商盈利能力较弱的重要原因。阿里巴巴通过第三方进行物流配送，并开发菜鸟网络进行物流资源的优化与整合。此外，客户获取成本（CAC）也会对电商的费用产生比较大的影响。

零售上市公司的经营最终在财务上是一种相互印证的关系。零售公司的店铺组合是一个观测点。单一店铺的发展历程可分为新店、次新店、成熟店三个阶段。新店常处于亏损状态。到了成熟期，店铺收入与利润将保持相对稳定，对公司业绩有持续贡献。因此研究上市公司的经营，要看这几种不同发展期的店所占的比例和情况，不能盲目认为上市公司利润不好就不是好公司，或者现金流很好就一切都好。

零售上市公司的额外收入开发能力也很重要。除了在前台通过商品经销获取利润之外，零售公司往往可以在后台通过收取通道费等方式获取另一部分毛利。在与支付公司合作的过程中，有的零售公司还可以获得一定的支付返点（0.1% 左右）；有的零售公司开展配送、数据共享等。以超市为代表的零售商除了主业销售商品之外，还有很大一部分收入来自转租，有的租金收入占其利润总额的 80% 以上。这些是零售公司利用自己的流量资源获取的额外利润，累积起来往往非常可观。

如何给商贸零售企业估值？一般来说，PE 是比较好的估值方法，尤其是判断比较成熟的百货商场和超市的估值，因为在此阶段，企业已经开始注重盈利。"EV ÷ EBITDA"（企业价值倍数）对资产比较重的零售企业来说比较有效，可以将折旧的影响剔除，来考查企业的相对估值。PB 和 ROE 往往反映了零售企业的效率，尤其是 ROE 的进一步杜邦分析，有时可直观看出公司的盈利究竟来源于哪。"P ÷ GMV"（总市值 ÷ 销售额）、"P ÷ S"（总市值 ÷ 营收额）是判断电商估值的方法，值得注意的是，自营式和平台式电商的"P ÷ GMV"一般不可直接对比，需要区别对待。

此外，市场通常会在 CPI 预期上升的时候给零售企业一定的估值溢价，反映其将享受 CPI 上升时的景气。而对营业模式变革，可能会出现乐观的预期，例如前述额外收入增加时，有经验的投资人士往往会给予一定的估值溢价来反映即将到来的情况改善。

食品饮料

食品饮料行业有很多子行业。虽然笔者认为食品饮料是一个好行业，但并不是每一个子行业都好。一般来说，行业可以跨越公司，公司难以跨越行业。因此，挑选一个"跑道"足够长、足够宽的子行业十分重要。

选择子行业，要看行业格局和行业空间两个方面（见表4-3）。

表4-3　行业格局与选择

行业格局	小行业	大行业
格局差	次选，挑选龙头，享受龙头份额不断提升的过程	第三选择，选股要谨慎，即使个股龙头也可能波动大
格局好	不选	最优选择，挑选领军企业，风险小

行业空间是一个非常重要的指标，一般取决于消费区域、消费频次和单价。全国性的产品好于区域性的产品，例如黄酒的消费一般集中在江浙，虽然全国都有，但很难大规模推广。消费频次和单价决定收入，例如牛奶可以天天喝，而高端白酒也许一年只消费3～4次，但高端白酒的价格够高。消费频次印证了消费品是必需的还是可选的。可选消费品如前文所述，有一定周期性。

行业格局的直观指标是市占率。行业排名前五的企业市占率在10%～30%是比较好的，龙头企业容易爬升；市占率太小，行业可能太分散，龙头品牌影响力不强；行业过于集中，也就没了龙头企业继续爬升的空间。

在食品饮料中，经常提到的名词是行业龙头。那什么样的企业是龙头企业呢？有定价权是龙头企业的主要特征，例如高端白酒行业，往往是龙头企业提完价，二线白酒企业再开始提价；龙头企业有非常好的管理机制，对高管和员工有很好的激励，使他们有足够的野心去抢占市

场；好的高管是根植于行业 10 年以上的专家，对子行业形成了非常深刻的认知。

看子行业，周期非常重要。产品的发展阶段一般有导入期、成长期、成熟期和衰退期。成长期和成熟期是投入比较好的时期，导入期的龙头企业定价权往往较弱，市场格局没有完全确定，衰退期又是行业增速下移的过程。牛奶行业就是一个典型的处于成长期的行业，虽然已经发展了很多年，但从人均消费量来看，这个行业还有很大的空间（见图4-5）。周期并不是一成不变的，需要不断跟踪和验证。例如啤酒行业，通常认为早就成了夕阳行业，不再有机会，但在 2016 年左右，行业完成了整合之后，需求边际有所好转，往高端化发展，价格也有所上升。

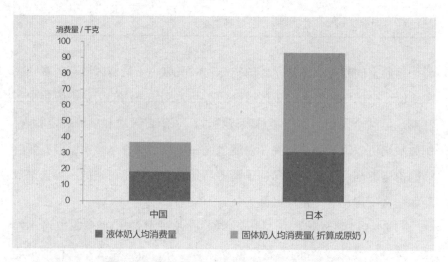

图 4-5 我国乳制品和日本乳制品消费差异

资料来源：《中国奶业年鉴》、日本国家统计局、长江证券研究所

根据以上内容，一般可以确定一个子行业的长周期投资逻辑。接着，需要观察一些中微观指标和因素。

首先是政策。对于高端白酒这样的可选消费品来说，政策有时会对行业发展产生一定影响。典型例子就是 2012 年加强对"三公消费"的管理，2015 年多地出台禁酒令，2018 年对高端白酒征收消费税的传言，使高端白酒行业风声鹤唳。可选消费品的需求刚性不强，必须考虑其变数。同时，投资者还要考虑到这些"炸弹"释放过后，是不是存在着"错杀"的可能。可选消费品的品牌效应越强，就越具有必需消费品的属性，也就是风波过后需求能够迅速恢复。这是某些高端白酒在历次风波之后，其销量总能在 1 ~ 2 年后再创新高的原因之一。

其次是渠道。食品饮料是一个高度依赖渠道的行业。食品饮料的上市公司一般只负责生产和管理好渠道商层级，而产品到消费者手里的过程就是一个渠道传递的过程，也是一个参与人员逐渐增多的过程。渠道一般是网络式或平台式。网络式即生产商将货品发给一级经销商，然后一级经销商卖给二级经销商，二级经销商最终发货给零售终端。平台式一般没有二级经销商，由大区的一级经销商直接卖给销售终端。在这个渠道的传递过程中所形成的关系，对生产商而言是微妙的、短期的和有象征性的。通过生产商和渠道商之间的利润分成（也就是生产利润和渠道利润），可以看出生产商的话语权，品牌强的生产商对渠道商有很大的话语权（惜售）。同时，生产商有一些利润诉求时，也可以通过向渠道压货的方式提前确认收入（虽然这些可以从预收款等分析出来，但对不懂财务的中小投资者来说还是具有迷惑性的）。

渠道对于投资者来说其实也是一个利器。投资者可以通过一些终端去验证渠道的情况，比较简单的例子是去超市买产品，看一下生产日期，换算成时间，然后和存货周期相比较，由于存货周期 [365 ÷（销售成本 ÷ 平均存货价值）] 一般要等到财报公布时才知道，通过实地验证，能提前获知一些信息。

再次是财务。它其实也是滞后指标，但有时有助于理解公司的经营，正如 ROE 杜邦分析：

$$ROE = \frac{净利润}{收入} \times \frac{收入}{总资产} \times \frac{总资产}{净资产} = 毛利率 \times 总资产周转率 \times 财务杠杆$$

由此可以清楚地知道毛利、总资产周转率和财务杠杆等指标是如何影响一家公司的盈利能力的。然后继续研究各项的变化，三项费用是如何变动的，为什么变动，对这些财务指标的跟踪研究是一个消费类研究员的基本职责之一。

最后是创新。虽然食品饮料是消费的典型品种，牛股往往集中于吃饭、喝酒等看起来需求很刚性的行业，但并不是说创新无用。食品饮料的创新往往来自三个方面：一是产品的创新，例如以常温奶代替低温奶、豆奶代替豆汁，是研发和适应国情的结合；二是营销的创新，它是持续在渠道和包装上创新的过程；三是生产和物流的创新，如用进口大包奶粉代替原奶采购，或对于同质性强的产品，可以建立分厂以减少物流费用等。食品饮料是一个在经营管理上很有趣和创新层出不穷的行业，值得投资者好好体会。

纺织服装

纺织服装行业是一个典型的夕阳消费行业。它的行业增速曾经非常快，而后来销售情况又非常差，主要是出口对这个行业的影响很大；但毕竟是一个消费行业，需求刚性还在，近几年市场需求慢慢回归国内。（见图4-6）

我国是全球最大的纺织服装生产国。2017年行业呈弱复苏趋势，服装鞋帽、针纺织品全年销售总额为14557亿元，同比增长7.8%。根据海关总署的数据，2017年，纺织品服装出口2669.72亿美元，同比上升1.56%。其中，纺织品纱线、织物及制品出口1097.71亿美元，同比上升4.50%；服装及其附件出口1572.01亿美元，同比下降0.40%。

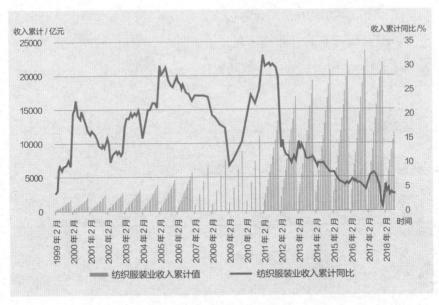

收入累计 / 亿元　　　　　　　　　　　　　　　　　　　　收入累计同比 /%

图 4-6　我国纺织服装行业收入增速情况

资料来源：Wind

　　纺织服装行业在 20 世纪 90 年代初是比较粗放的高增长，现在的品牌企业，彼时大多从事贴牌服装生产，尚无品牌概念，却赚了第一桶金。1995 年出口额下降后，纺织服装企业开始真正的品牌建设，市场货逐渐向品牌货转变。2001 和 2002 年，"9·11"事件和互联网泡沫破碎导致出口低迷，促使国内很多企业大洗牌。2002—2007 年是我国服装行业第一个大发展时期，受到欧美和国内需求旺盛双重拉动。2008年受到金融危机的影响。2009—2010 年产能再次过快扩张，出口增速恢复至个位数，国内纺织服装零售保持 20% 左右的高速增长，很多细分市场和相应品牌出现，实现第二次大发展。从 2012 年开始，出口大幅走弱，出口额受东南亚地区瓜分市场影响较大。近年来，东南亚、南亚地区低成本优势显著，C&A（西雅衣家）、H&M（海恩斯莫里斯）、GAP（盖璞）等大型服装企业都将部分订单转向了越南、孟加拉等国。目前孟加拉国服装行业增速保持在 10% 以上，已成为全球第二大服装

出口国，出口额在 250 亿美元左右。

纺织服装行业的产业链比较长（见图 4-7），由三部分组成："上游"原辅料制造、生产环节、服装销售。

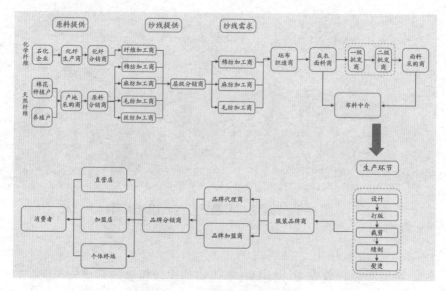

图 4-7　纺织制造产业链

资料来源：长江证券

"上游"原辅料制造以外销市场为主，具有明显的周期性。原辅料制造属于纺织制造板块，主要指将棉、麻、丝、毛、化工原料等初始原材料加工制成布料及配件等。目前我国原辅料制造企业以外销为主。研究方法也类似于周期性行业研究。资金的参与、流通领域的囤货经营、国家政策（例如棉花收储）、环保限产、供给侧改革以及"下游"企业买涨不买跌的思想助涨助跌，成为影响价格的短中期因素。原料产量、最终需求决定中长期价格和价值中枢。

服装生产环节有 OEM，ODM，OBM 三种模式，毛利率依次升高。从我国行业终端收入来看，目前约有 60% 来自外销加工制造，40% 来自内销品牌零售，后者的占比呈逐渐上升趋势。

OEM（Original Equipment Manufacturer），俗称代工（生产），基本含义为品牌生产者不直接生产产品，而是利用自己掌握的关键核心技术负责设计和开发新产品，控制销售渠道。

ODM（Original Design Manufacturer），原始设计商，是一家厂商根据另一家厂商的规格和要求，设计和生产产品。受委托方拥有设计能力和技术水平，基于授权合同生产产品。

OBM（Original Brand Manufacturer），原始品牌制造商，是代工厂经营自有品牌，或者说生产商自行创立产品品牌，生产、销售拥有自主品牌的产品。

"下游"品牌服饰销售以内销市场为主，具有明显的零售业属性，也是本节的重点研究对象。品牌服饰销售企业（下文简称"品牌商"）的核心竞争力体现在品牌定位、强大的产品设计能力、渠道建设以及供应链管理等方面。可以简单地理解为，品牌商做设计和销售，服饰生产商赚加工的钱（也有些生产商具有强大的垄断力，过渡到 ODM 或 OBM 来实现利润率上升）。因此，品牌商的毛利率显著高于生产商。近年来，中国品牌商的毛利率为 40% ~ 50%，而生产商的毛利率仅 15% 左右。

研究品牌商，与研究食品饮料行业有很多类似之处，也要看所处子行业的空间和行业格局。一般来说，功能性的产品更类似于必需消费品，消费者更看重产品本身而做出消费决策，但同时品牌的溢价率不是太高（类似于高频次消费），典型例子是箱包、童装等。时尚性产品更具有可选消费品的属性，品牌溢价高，典型例子是女装。此外，看清产品所处的周期也非常重要。尽量投资处于成长期和成熟期的企业，而非夕阳期的企业。

确定行业空间和行业格局后，要理解品牌的地位。如前文所述，定

价权是食品饮料行业龙头的重要特征，但在品牌服饰行业，高价和提价者不代表是龙头企业。渠道尤其重要，好的品牌服饰龙头公司往往拥有更深、更广的渠道优势，因为渠道是品牌强的特征之一。品牌服饰行业的渠道一般也不像食品饮料行业那样采取分级批发的方式，而是用直营店和加盟店的方式。

品牌商一般对直营店的把控力度强，产品销售毛利高。（见表4-4）直营店虽然好，但需要投入的成本多，在经济周期走弱的时候可能变成沉重的财务负担。与考查商超公司类似，要对品牌商的直营店、加盟店，以及新店、旧店之间的比例做合理的评估，了解公司的发展策略是不是和当前形势相符。此外，电商作为一种新渠道，占比在2010年后急剧上升。但随着竞争的加剧，电商渠道的费用（包括引流和揽客等费用）在近几年也急剧上升。所以好的品牌商要有正确的策略应对变化，或者有创新的意识去创造变化。

表4-4　家纺价值链分解

家纺价值链	加盟专柜	加盟专卖店	自营专柜	自营专卖店
终端吊牌价	1600	1600	1600	1600
终端折扣（7～8折）	400	400	400	400
终端售价	1200	1200	1200	1200
商场扣点（30%）	360		360	
出厂价（4折出库）	640	640		
加盟商增值税（17%）	95	95	—	—
加盟商费用（租金15%、人工10%）	60	360	—	—
加盟商利润	45	105	—	—
加盟商利润率	4%	9%	—	—
报表出库/零售税后收入	547	547	718	1025
厂商生产成本	350	350	350	350
毛利率	36%	36%	51%	66%
厂商销售费用（人工8%、装修9%、物流营销10%）	0	0	20%	20%
厂商管理费用（6%）	低	低	高	高
厂商利润率	营业利润率（15%）			

资料来源：长江证券

与商贸零售公司类似，品牌商的估值一般也可用PE衡量。在好的子行业中，品牌份额快速放量时，可以用PEG来代替PE。值得注意的是，品牌零售商（尤其是时尚品牌）一般有"青春期"，一般难以见到股价连续上升 10 年以上的品牌商，这是时代潮流所决定的，即一个品牌一般在 10 年间完成从成长到夕阳的周期，在行业膨胀到极点和知名度扩散到极致后结束，美股曾经的大牛股 GAP，Coach 都是这样。所以对于已经发展了若干年，估值还是很高的时尚品牌，一定要警惕，防止景气高点之后成为估值、业绩"双杀"的牺牲品。

三、餐饮旅游

餐饮旅游行业是最近 10 年消费需求集中释放的一面镜子，是居民在满足吃、穿需求后，向更深层次的精神文化生活"进军"的一种需求。2011 年，中国人均 GDP 首次突破 5000 美元，居民出游率不断提升，旅游收入持续增长。2017 年，国内旅游收入约 4.6 万亿元，国际旅游收入约 1234 亿美元；国内旅游人数约 50.01 亿人次，入境旅游人数约 1.39 亿人次，出境旅游人数约 1.31 亿人次。（见图 4-8）

然而旅游仅仅是餐饮旅游行业的一部分。餐饮旅游行业可细分为餐饮、景区、酒店、旅行服务和免税等子行业，这几个子行业都是弱周期行业，发展阶段不尽相同。餐饮和酒店行业处于成熟阶段，而景区、旅行服务和免税行业还处于成长期。

餐饮旅游是一个充满变化和挑战的行业。即使是看起来成熟的行业也未必没有机会，例如餐饮行业近几年的增速甚至低于 GDP 增速，看起来低速增长的行业，变革却风起云涌。首先，餐饮行业的子行业发展情况不一，2017 年火锅和团餐行业的增速超过 20%，大大超过行业平

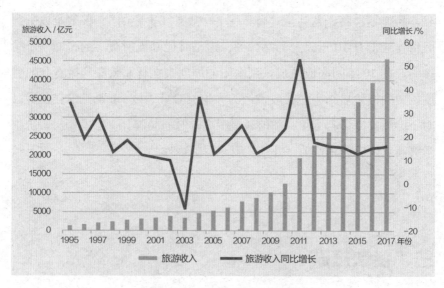

图 4-8　我国旅游收入趋势

资料来源：Wind

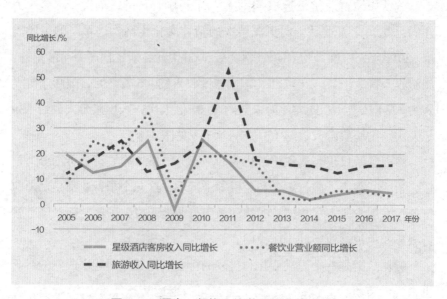

图 4-9　酒店、餐饮、旅游子行业的增速

资料来源：Wind

均 3.6% 的水平，而且这些子行业的体量都足够大（只要年营业额超过 500 亿的行业，就有出牛股的可能）。其次，"新经济"也在不断带来创新，例如外卖行业给传统快餐行业带来很多的增量和变化。研究餐饮旅游行业也是非常有趣的。（见图 4-9）

　　具体的行业研究方法，笔者建议投资者首先还是分析子行业的规模和格局，找出好的"跑道"，然后自上而下地分析行业利润，弄清利润的来源（见图 4-10）。

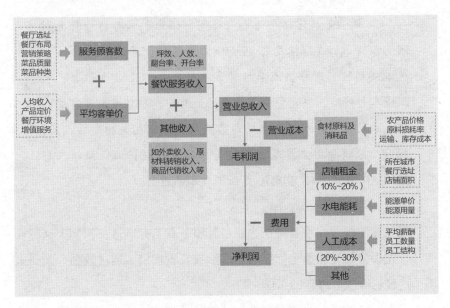

图 4-10　餐饮行业的利润分析

资料来源：Wind

　　建立了自上而下的利润关系图后，便可以结合子行业的"跑道"分析具体公司的经营情况。在具体分析时，要带着问题刨根问底，进行横向和纵向的比较，不断"深挖"。例如观察酒店行业 2012—2017 年的数据，可以发现行业整体增长乏力。但细分的话，发现中端酒店的增速还有 10%，但高端和经济型酒店的增速在下降。这就是用管理咨询师的

视角去看公司。此外，预见趋势的变化也是十分重要的，如当前的高端酒店盈利性不好，但 RevPAR 增速好于经济型酒店，在经济回暖之后，高端酒店的盈利弹性可能反而更大一些。

> RevPAR 是酒店行业的一个重要指标，由每日客房总收入除以可用客房数得出。该指标也可以拆解为客房入住率和平均房价。由于采用连锁规范化经营，单店的成本是相对稳定的，RevPAR 因此成为考量企业经营能力和盈利水平的重要指标。
>
> GOPPAR 具体含义为每天每间可供出租客房的经营毛利润（GOP）。该指标是在 RevPAR 的基础上扣除相应的经营成本得到的。经济型酒店经营成本的 80% 以上是由租金、人工成本和折旧、摊销费用等构成的。其中，租金成本具有偏固定成本的性质，人工成本是与客房规模成正相关的变动成本，折旧、摊销费用主要是客房投资额按期计提折旧、摊销。与RevPAR 相比，GOPPAR 更强调成本的控制。

餐饮旅游行业的重要特征之一是其服务具有标准性。例如火锅行业的几个龙头公司，服务是标准的。这给投资者提供了通过数据、调研来感受这种标准服务好坏的可能。

再者，餐饮旅游行业在海外市场往往是成熟的行业，有成熟的行业标杆可以参照。由于很多模式都是趋近或相同的，这种参照并不太受文化或者国情的约束，其比较意义往往好于食品饮料相关子行业。几乎餐饮旅游行业的每个子行业都可以找到对应的国外上市成熟公司。这说明是"跑道"决定了优秀的公司，而且优秀的公司一定是不断凝聚市场份额而逐渐变大的。

例如在研究人工景区时，有经验的研究人员非常自然地会参照迪士尼的发展历程，研究其估值和股价在不同阶段的变化，从单一业务扩展到多业务时的经营经验等。在研究餐饮行业时，麦当劳、汉堡王都是很好的参照物。当前增速比较快的免税行业，实际上在欧洲和美国也早就有了成熟度很高的对标公司。

在研究餐饮旅游公司的估值时，PE，DCF 和"EV÷EBITDA"是常用方法。由于餐饮旅游行业的行业属性很强，在经历高速成长之后，优秀龙头公司的增速都会降下来，因此 DCF 是一种有效的衡量绝对收益的方法。酒店行业由于资本开支非常大，PE 方法不易反映资本投入的情况，因此多使用"EV÷EBITDA"估值方法。

四、教育传媒

教育传媒处于消费行业里的进阶阶段，兼具必需消费和可选消费的属性。之所以这么矛盾，是因为教育传媒具有很强的刚性。例如上学，当前的义务教育制度是可以满足基本的教育义务的，但消费升级之后，家长都希望通过教育实现下一代的追赶，因此教育从可选消费变成了必需消费。而传媒行业里的手机游戏、电影逐渐有了必需消费的属性，因为消费者一旦享受过就很难"扔掉"。这就是教育传媒行业的主要特点之一。下文依次介绍几个子行业。

教育

民办教育作为公办教育的重要补充，在我国教育体系里的重要性

逐渐提升。从政策的角度来说，在 2018 年之前是宽松、鼓励的。我国教育资源的分配严重不平衡，在基础教育中，由于公办学校存在按照学区录取的方法，使学区之外的学生很难获得上好学校的机会，省内也存在打破头皮去上好的初中、高中的做法；在高等教育里，高考制度使很多考分不够的学生希望通过技能培训胜任技术要求高的工作；在课外培训体系里，教师在校外培训已经被严格禁止，但仍存在着大量课外培训的要求，这些要求恰恰是民办教育可以触及的。因此，民办教育在最近 10 年快速发展（见图 4-11）。

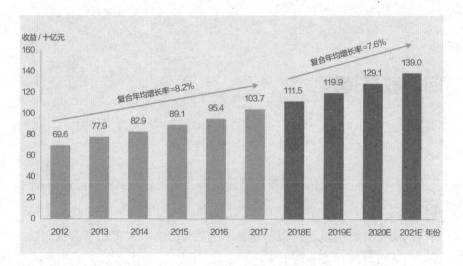

图 4-11　中国民办教育行业的总收益

资料来源：国家统计局、兴业证券

民办教育行业可以分为几个子行业：一是基础教育行业，这是教育行业中最功利的板块，因为涉及教育的核心——高考；二是培训行业，又分为基础教育课外培训和职业培训；三是高等教育，主要面对的对象是不参加公立高等教育的学生，最后颁发大专或大学本科文凭。从行业规模来看，基础教育行业是最大的，学生人数多，学费也比较高，私立学校一般收费为 10000 ~ 120000 元/学年；民办高等教育学费一般为

10000 ～ 30000 元 / 学年。

　　研究教育行业，首先是要在细分行业找到比较好的"跑道"，还要不断细分，直到找到最快、最好的那条；其次是找到有核心优势的企业，因为教育有一定的一致性，升学率或者就业率是最终结果，但过程——教育和管理的特色不同；再次，对有核心优势的企业，下一步是考量其扩张速度，因为教育服务标准化后，外延扩张是增加业绩和规模的好手段；最后，民办教育是一个受政策影响非常大的行业，在过去几年里，每一次政策出台都对行业造成了很大冲击，因此正确考量和预判政策风向非常重要。

　　2017 年，中国教育行业情况如图 4-12 所示。

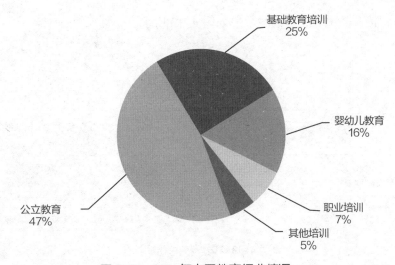

图 4-12　2017 年中国教育行业情况

资料来源：智研咨询、交银国际

　　教育行业的核心优势是比较容易验证的，但实质是需要仔细思考的。某些基础教育校外培训企业，从几个到数十万学生的发展过程，也是教师队伍、培训内容、教学质量等方面逐步积累的过程。因此相对于其他消费行业来说，教育行业的"护城河"是比较深的，品牌形成之

后，会成为公司非常大的产生收益的无形资产。一些教育公司的市场营销费用非常低，是因为口碑形成之后，仅靠学生和家长之间的宣传就能产生很好的招生效果。

民办教育公司的扩张一般分为两种：第一种是重资产类扩张，用的是圈地建校这种模式。这种模式在 2010 年前运用得比较多，典型问题是扩张慢，从建校到利用率（在校学生人数 ÷ 设计的容纳学生人数）达到理想水平往往需要 3 ~ 4 年的时间，但这种模式对于高等教育来说是必选项（因为政策限制，对其他机构来说是可选项）。第二种是轻资产扩张，例如有些基础教育学校在入住小区时和开发商签了比较长的低价租赁合同，或让开发商入股分成，使学校在资本开支方面没有那么大的投入。

教育公司的利润情况一般如图 4-13 所示。

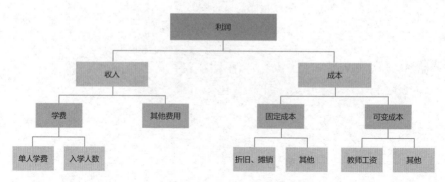

图 4-13　单学校的利润拆分

利用率是一个非常重要的指标，在一般情况下，只要利用率达到 60% ~ 80%，学校的盈利就有一定的保证。利用率也是学校的品牌影响力之一，某些学校会出现利用率接近 100% 的水平。好在这个指标，一般是上市公司公布的。入学人数和学费也是重要的指标之一，上市公司通常会在招生季结束之后公布入学情况，有的学校也会公布学费情况，投资者能方便地预估。学费收入一般计入预收款里，对于基础教育和高等教育学校来说，学费一旦确定，就会收取 3～4 年，这为分析公司的盈利提供了非常大的便利性和确定性，也说明教育公司是现金流运营非常好的一类公司（先收钱再支付成本）。

对于教育类公司，PE 和"EV÷EBITDA"是比较好的估值方法。在分析盈利时，要特别注意补贴对教育类公司的影响，当前的教育政策还有很多不确定性，上市公司下属学校一般应属于盈利性学校，未来补贴有逐渐取消的可能。教育类公司往往具有比较强的抗经济周期属性，所以在股市波动比较大的时候，反而会被给予比较高的估值。目前在香港上市的教育股估值基本在 15～35 倍 PE。

影视

传媒是一个大行业，影视是传媒行业里的"排头兵"，是人民生活到一定程度之后重要的精神消费品。从行业结构来看，影视产业包括电影、电视剧、综艺节目、动画等，其中电影和电视剧在影视市场的占比最大，约 90%；电视剧行业发展稳定；电影是影响整个行业的最大变量。2017 年，我国影视市场规模约 1120 亿元。

研究影视行业，首先要看"蛋糕"的增长情况。我国的影视剧总收入、电影观影人次、电影票房收入等数值距发达国家一直有差距。如图 4-14 所示，我国总观影人次在 2017 年超过 16 亿，超过北美。但考虑到我国人口数量是北美的 4～5 倍，因此人均观影人次仍然有较大差距，表明这个行业在未来是有空间的。每年的发展速度快慢不一，表明道路是曲折的。了解行业发展的整体节奏非常重要。

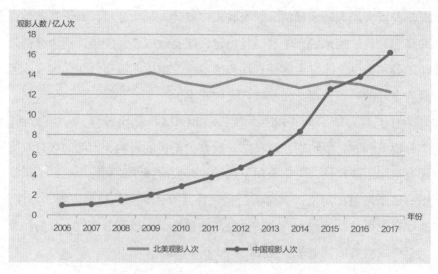

图 4-14　北美与我国年观影人次情况

资料来源：Wind

影视行业的重要指标有电影票房、银幕数、电视收视率、网络视频点击率等。影视行业是渠道和内容"双头"并进。渠道作为内容的载

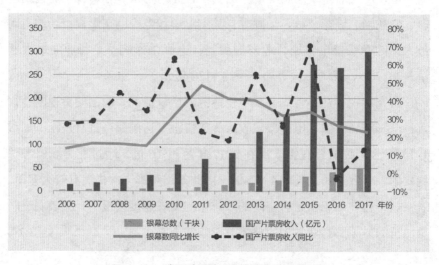

图 4-15　我国电影银幕数和国产片票房

资料来源：Wind

体，一直引领内容发展，其变革给内容的腾飞提供了必要的载体。从
2010 年开始，中国电影银幕数的增长加速，之后国产电影票房不断创
造纪录，如图 4-15 所示。互联网的普及促使在线视频和网剧行业迅速
发展。内容是影视行业的灵魂，制作能力是行业核心竞争力，决定制作
能力的是"编导制演人员"、IP（知识产权）品牌化程度，因此在新技
术普及的大前提下，拥有优质 IP 和制作能力的企业将胜出。

从影视行业的子行业来看，主要把握电影和电视剧两条线路。电影
的产业链如图 4-16 所示。

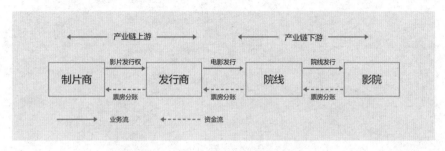

图 4-16　电影行业的产业链

在 A 股、港股和美股上市的我国影视企业，分布于产业链的制片、
发行、院线、影院等，或专注于一个领域，或包含数个领域甚至全部领
域。从电影发展非常成熟的美国市场来看，产业链逐步融合，形成大型
电影集团，是行业趋势之一。从电影子行业的投资机会来看，行业蛋
糕增长最快的时候是 2001—2014 年，之后行业发展开始跌宕起伏，体
现为年票房收入螺旋式上升。上市公司也是一样，2014 年之前估值很
高，到了 2018 年，经常看到 PE 在 10 倍以下的股票。这一方面体现了
投资者对行业信心的波动，另一方面则是行业政策和消息面的波动。市
场是有效的，从国外经验来看，制片商行业是一个高度周期性的行业，
因为每年电影的票房存在很大的不确定性。但产业链从"上游"到"下
游"，消费属性都逐渐增强。例如电影院，现在除了可以看电影以外，

还成为 K 歌等消费的重要场所，非票房收入不断增加。因此相对而言，估值也应该提高。在电影票销售等子领域，也有一定的创新空间，与互联网结合，可能成为流量较大、融合较多价值的媒体平台。

电视剧的市场比较成熟，我国 2017 年的电视剧市场规模约 460 亿元。电视剧和电影一样，也有较长的产业链，如图 4-17 所示。

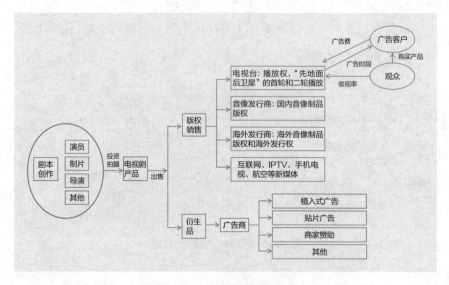

图 4-17　电视剧的产业链

电视剧的上市公司主要集中于制作和发行（发售）环节。与电影行业相比较，电视剧行业的制作与发行周期性要小一些，主要是因为电视剧行业已经达到成熟期。不确定性主要来源于政策，电视剧是一个政策调控比较多的行业，经常在播出时间、播出内容上受到管制。

投资电影和电视剧，可以把握"爆款"产品带来的短期收益，即高票房或者高收视率带来的投资上市公司的机会，但这种机会往往来得快，去得也快，而且这种短期的"爆款"并不代表公司下一部影片也能成为"爆款"，因此实质上一般当作增加了公司的短期现金。更重要的是把握更长期享受行业成长的公司，或是消费属性强、发展较确定的公司。

影视行业的变革也是存在的，最大的变数来源于视频网站的冲击。视频网站给影视行业带来的变化有：

首先，视频网站增加了电影和电视剧的收入来源，通过植入广告或贴片广告为影视剧的制作方和发行方提高收入。

其次，视频网站为了增加自身收入和吸引力，通过网络自制剧模式直接进入影视剧制作领域，使好的影视剧内容（所谓的"IP"）价格上涨。2011—2017 年，电视剧版权价格上涨了 5 倍以上，网络版权价格上涨了 20 倍。

最后，视频网站通过将观众从电视机、电影院分流到自家的电脑或者手机，使流量（或者说是观众的时间）再次分配，而流量是重要的资源。随着视频网站在其他内容类型的布局逐渐完善，综艺、动漫等内容将成为流量拉动的新引擎。

视频网站的估值方法比较复杂，可以参考第三章科技行业的研究方法。

游戏

游戏（本书中是指电子游戏）早在几十年前就已经出现，但国产游戏的爆发式发展还是在 2005 年之后，彼时像《传奇》这样的网络游戏风靡全国，并采用付费模式打开了盈利空间。最近几年，网络游戏方兴未艾，近 5 年复合增长率接近 30%。2017 年中国游戏市场销售收入达 2036 亿元（+23%）。从细分品种来看，随着手机端的不断普及、爆款手机游戏层出不穷，移动游戏逐渐蚕食客户端游戏的份额，2017 年移动游戏市场规模为 1161 亿元（+42%），占游戏行业整体收入的 57%。（见图 4-18）

游戏行业的增长，一般看两点：一是游戏用户的增长（渗透率），我国可能已经达到饱和状态，2017年游戏用户人数达到5.5亿人，增速不到5%；二是看付费率和ARPPU（每付费用户平均收益），也就是游戏用户愿意为游戏支付的金钱，我国ARPU（每用户平均收入）的提升还有空间，可能是未来游戏行业的增长动力之一。

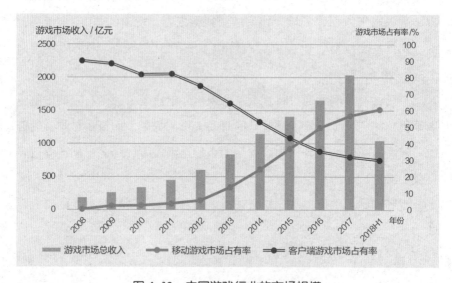

图4-18　中国游戏行业的市场规模

资料来源：Wind

与影视行业类似，移动游戏也有产业生态体系：（1）移动游戏研发商是内容提供者，随着市场竞争的日趋激烈，拥有优质产品的研发商溢价能力在不断提升，产品和内容为"王"；（2）移动游戏发行商主要是购买获取游戏的发行版权，对接渠道，对游戏进行推广和运营，实现产品效益的最大化；（3）渠道商起到连接移动游戏产品和用户的作用，目前格局较明朗，享有固定的分成比例。总体来看，当前移动游戏产业链的各个环节都呈现集中态势，尤其是渠道，主要集中于苹果、腾讯等占据流量关口的大公司手中。所以游戏公司抓住研发和发行，走研运一体的路线，将能分到更多流水份额。从 2016 年开始，很多游戏公司主动和这些占据流量关口的大公司达成长期合作协议或者被参股，体现了目前游戏行业的一种趋势。

游戏公司的盈利模式相对简单。网络游戏的盈利模式主要有收费游戏、增值业务收费、广告收费、周边产品四种，以增值业务收费（道具）为主要模式。在移动游戏产业链中，国内游戏流水的整体分成比例大体为渠道 50%、发行 25%、研发 25%。产品的投放运营策略体现在营销费用率上，影响整体净利水平。

在我国上市的游戏公司中，除了很少的"头部公司"是渠道商以外，其余都是研发商和发行商。对于研发商来说，2013 年之前是"百舸争流"，常有优秀的小工作室依靠优秀单品一举突围，被高价并购。但当前国内游戏市场的集中度不断提升，游戏研发呈现"强者恒强"的态势，研发费用越来越高，小工作室"异军突起"的可能性越来越低。在这种背景下，投资者要关注未来拥有"优质 IP + 研发能力"的具有核心竞争力的公司。此外，游戏出海是业界的另一个趋势。我国有一些游戏产品在内容和质量上已经达到世界领先水平，开始具备向海外市场发行的条件。从 2011 年开始，游戏行业海外市场销售收入快速增加，其增速远高于游戏行业整体销售收入的增速。在国内游戏行业竞争不断加强的当下，海外游戏市场的业务拓展和优质资产的收购、并购将成为游戏公司拓展新业务的方向。

研究游戏公司，还要经常观察以下几个重要指标：

月流水：指游戏每月从用户端产生的收入总量。相应的还有日流水、年流水等。

流水分成比例：研发、发行环节占游戏总流水的比例，落实到具体公司的营收水平。目前并没有统一的分成比例，因产品而异。

累计注册用户数：游戏产品的总用户规模，决定产品的

受欢迎程度和总体量。

活跃用户数（MAU/DAU 等）：衡量产品的用户黏性与稳定性。

ARPU：主要判断平均每个付费用户的付费金额，注重的是一个时间段内运营商从每个用户所得到的利润。ARPU值高，则产品的吸金能力强。

付费率：指付费用户占总注册用户的比例。付费率越高，说明有越多的玩家愿为游戏产品充值消费。

销售费用率：即销售费用占总营收的比例。发行产品时需要投入宣传推广费用，可通过该指标了解当前产品所处生命周期和未来利润释放潜力。

游戏行业虽然前几年增速很快，但一般认为已经到达成熟期。对游戏公司的估值，一般采用 PE 对公司进行整体估值。DCF 不适用于游戏公司，因为目前游戏公司的产品周期都比较短，一个游戏的产品周期往往只有 2 年，无法适用 DCF 的永续存续假设。当前游戏的产品周期还在缩短的趋势中，同时揽客和营销费用处于上升趋势，所以当前游戏研发和发行公司的估值都比较低，一般为 10 ~ 15 倍，已经大大低于 2013 年 30 倍以上的估值。政策也是影响游戏公司的重要外因之一，"爆款"不一定能大幅度提升估值，反而可能遭到政策的打压。这些都是投资游戏行业时需要注意的问题。

其他传媒行业

传媒是一个子行业繁多的行业，传统的报纸、有线电视、广告与营销，以及新兴的音乐、体育都是传媒的子行业。因篇幅所限，在此仅做简单介绍。

对于传统媒体，像报纸、杂志、图书出版等平面媒体和广播、有线电视等媒介，在过去几年里受到互联网等新媒体的冲击较大，行业整体增速放缓，甚至出现负增长，行业整体迈入发展的"寒冬"，属于典型的夕阳行业。对于这些夕阳行业里的公司，研究的重点是有没有转型的可能。对于那些主业还算稳定，但在积极谋求变化，希望走向新媒体的公司，投资时应该积极关注其"防守反击"的可能性。

在研究时，除了理顺公司过去和现在的境况，还要看两个方面：（1）自上而下看转型升级的难易程度。例如出版发行类公司，虽然纸媒在下降期，但网络小说正在崛起，所以公司面临从旧到新的可能性。（2）自下而上看公司的转型动力，尤其是管理层对改革的执行力。这些传统媒体的公司大多是国有控股，股东的支持力度和管理层的激励非常重要。

体育是一个处于培育和成长期的行业。我国《关于加快发展体育产业促进体育消费的若干意见》指出，到 2025 年，我国体育产业总规模超过 5 万亿元。体育行业具体的环节有营销、经纪、媒体、赛事运营、场馆运营、体育用品、体育彩票等。目前，体育行业里纯正的上市公司不是很多。从一级市场来看，未上市公司的规模分布比较散，盈利模式中还没有出现"独角兽"的情况。但行业蛋糕足够大，在度过成长期后，赛事内容（IP）、体育营销、赛事运营等服务行业中可能会出现比较多的机会。

音乐也是生活水平到达一定程度后的可选消费需求。过去十几年，人们的音乐消费习惯在发生缓慢的变化：从录音带到 CD，再到 MP3，然后到当前盛行的手机音乐，媒介在发生剧烈变化。在版权端，网络音乐的份额越来越向头部集中。未来如果付费成为可能和习惯，那么音乐会成为像游戏那样的吸金行业之一。

此外，音乐的参与方式也在发生变化，卡拉 OK 逐渐从专业的固定场所转为火车站、电影院里的小空间、快节奏消费，视听软件的普及使

用手机练歌成为可能。随着经济发展的深化和健康化，音乐行业的发展前景会非常广阔。虽然当前上市公司涉及音乐业务的不多，但在一级市场上，"巨头"正在形成。

传媒行业中还有一项 2B 业务，就是营销与广告。广告行业为中间环节，"上游"是广告主，"下游"是媒介渠道。广告是和 GDP 相关性非常高的行业，这在国外和国内都得到了验证。中国广告市场经营额占GDP 的比重较稳定，2017 年占比为 0.83%。

广告行业的变化在于"下游"，从渠道品种来看，传统媒体包括电视、报纸、杂志、电台、传统户外，新渠道包括电梯海报、电梯电视、影院视频，互联网类包括电商、社交和视频平台等。广告行业的蛋糕足够固定，而渠道之间的占比是从传统媒体逐渐过渡到电商和新媒体。对于上市广告公司，一般关注客户资源及黏性、渠道优势、管理能力及成本控制、外延扩张能力。从国外经验来看，在蛋糕固定的情况下，通过外延收购整合是广告公司做大的有效手段。

五、消费行业类公司研究实例

M 公司是基础教育领域的一家学校类公司。基础教育是一条好的"跑道"，行业的自然增长率就有 10%。但在选定"跑道"之后，还需优中选优，问题自然就是：公司的核心优势是什么？

要回答这个问题，须从管理层、营业模式、财务表现来观察。

在管理层方面，创始人从事本行业已经有 20 年的历史。与其他教育公司的管理层相比，该创始人从事本行业的历史算是很长的。其他基础教育公司的创始团队，有很多是半路进入这个行业的，而 M 公司的创始人是在基础教育民办学校（彼时叫"私立学校"）成长初期，就怀抱情怀去创业的。从这点来说，有理由相信创始团队能够脚踏实地为公司长期发展而努力；否则，在行业整体估值抬高的过程中，就有可能出现管理层为了盈利去兑现收益的情况。

更重要的是营业模式。大部分基础教育学校类上市公司是公立教育的补充，立足于以高考制度为主的学历教育。但 M 公司做的是海外留学教育，这就把公司从大"跑道"引到更小众但可能更好的"跑道"。通过观察可以发现，出国留学是一个不错的子行业，虽然其同比增长率从 2009 年 25% 以上的高点下降到 2017 年的 13% 左右，但发展也算不错。（见图 4-19）从行业格局来看，甚至比传统基础教育要好些。传统基础教育学校主要是在省内起家、省内扩张；在省外扩张要面临更适应水土的当地竞争者，而且部分省市高考时不是使用全国卷，对教材和教师都有一定要求，因此传统基础教育类学校不易跨省扩张。但对留学基

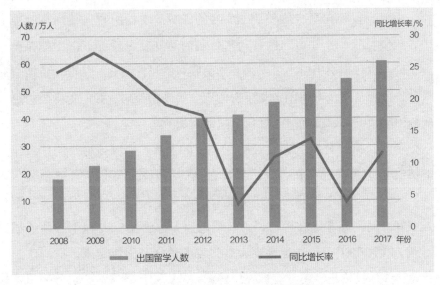

图 4-19 我国出国留学情况

资料来源：教育部、Wind

础教育学校来说，教材可以复制，便于异地扩张。从行业格局来看，留学基础教育的"跑道"比传统基础教育的市场份额集中度要高很多。

M公司不仅在国内扩张学校，也积极在海外构建高中和大学。通过在海外积累的与诸多大学良好的关系，M公司可以实施在国内进行基础教育，在海外直接送入大学的一站式教育。而在海外读过书的人都知道，海外学校录取时十分看重高中学校的知名度和学生的历史。所以知名度和关系一旦建立，是能够持久依靠和积累的，这就是M公司的"护城河"。

在财务表现方面，公司采用9月入学的形式，而招生人数一般在8月就确定，通过招生人数和学费，基本可以算出公司下一年的收入情况。从招生人数来看，公司的"梯队"比较合理，核心学校利用率在90%以上的，招生人数已经没有太多增长；而成立3年左右的学校，一般入学率在50%以上。公司采用收购和轻资产运作的方式，不断扩大可容纳的学生人数，使近几年学生总人数保持10%以上的增长速度。学费一般是两年一提价，综合提价幅度每年为5%～10%，高于CPI涨幅。相信投资公司至少能够跑赢CPI的涨幅。学校的收入结构在改善中，非学费收入（住宿、伙食、寒暑假的海外夏令营等）占比都在提升，公司也在指引中给出了未来非学费收入的目标占比。从资产负债表来看，公司基本没有负债，是难得的现金奶牛型公司。我们觉得公司更应该主动负债，以增加财务杠杆，从而增加股东权益。

至此，我们对M公司已经有了一定的了解，那应该给公司什么样的估值呢？2017年年初，我们对M公司的估值是低于同行业其他公司的。从同业交流中得知，公司可能有诉讼，使公司在外界的口碑并不是很好。而其他基础教育公司，业绩增速大都已在20%以上，估值都不到25倍，PEG<1。通过观察卖方报告的情绪和同业交流，我们认为行业整体的投资机会还没有被广泛认识。从纵向比较来看，目标公司是2014年在港股上市，属于在股票市场比较疲弱时进行融资，因此发行

估值不高。后来又遇到 2015 年的股灾、有原始投资方卖出股票兑现等，使股价一直受压制。但这些情况并不足以掩盖公司在运营方面一步一步做出的成绩，以及最终反映在财务报表中的业绩。因此，我们认为 PEG 至少应该为 1，乐观一点的话，可以为 1.2，或者 PE 上到 30 倍——一只长期业绩增速在 25% 左右的消费股成长期的估值。

最后看 M 公司的风险。除了前述道德风险以外（彼时并没有确凿证明，后来证实只是纠纷），主要还是政策风险。政策风险一方面来源于国家对民办义务教育的态度一直不甚明确，公司的多数学校申报为"非营利性"，但本质是营利性的；另一方面是担心公司的留学教育受到特别管制。彼时我们认为政策还是比较宽松的，后来公布的《中华人民共和国民办教育促进法修正案》证明政策上没有太大压力（但在 2018 年 8 月，政策基调发生改变，使目标公司和行业都出现了较大幅度的跌幅，这是我们始料不及的系统性风险）。

做完以上分析之后，我们认为可以带着批判的眼光（主要是政策不明朗）投资该公司，投资的回报也是令人满意的（见图 4-20）。

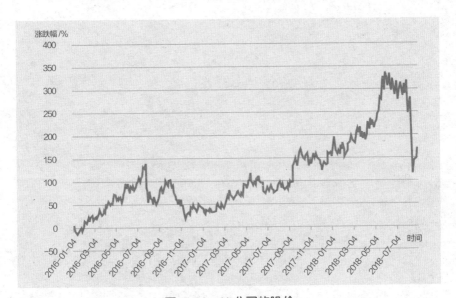

图 4-20　M 公司的股价

资料来源：Wind

第 **5** 章

量化择时

一、量化择时综述

什么是量化择时？

量化择时是一种投资策略，通过尝试预测未来市场价格的变动，来做出买入或卖出金融资产（通常指的是股票）的决策。这种预测通常是基于技术面或基本面分析，对市场前景或经济状况做出的预测，而不是局限于某种特定金融资产的投资策略。

以股票投资为例，投资过程一般分为两个部分：选择投资对象（选股）和确定买卖时机（择时）。量化投资也不例外，投资的基础来源于数据，核心是通过统计算法构建模型，在执行时需严格遵循交易策略。

量化投资在美国已有 30 多年的历史，詹姆斯·西蒙斯（1938 年生）是公认的传奇带头人。这位数学天才 23 岁获得博士学位，后任教于麻省理工学院、哈佛大学，还与华裔数学大师陈省身共同创立了著名的 Chern-Simons Theory（陈 – 西蒙斯规范理论）。40 岁时，他创立了文艺复兴科技公司的前身 Monemetrics，转入投资领域。1989—2009 年，公司旗下的大奖章基金业绩表现非常突出——平均年回报率高达 35%，比同期标普 500 指数年均回报率高 20 多个百分点，优于索罗斯和巴菲特的投资业绩。即便是在次贷危机爆发之际，该基金收益率仍高于 80%。中国的量化投资起步较晚，2010 年股指期货推出之后，国内的量化投资才开始迅速发展，并逐渐受到越来越多机构投资者的青睐。

与以金融、经济管理为背景的传统投资从业者不同，量化投资的从业人员多是靠数学模型分析金融市场的物理学、数学、统计学理科生，或是精通 SAS，R，MATLAB 软件的计算机或软件高手。一般称其为金融工程师，现在时髦的称呼叫作"宽客"，但他们更愿意称自己为"矿工"，一来与英文读音比较相似，二来这一称呼生动描绘了每天在数据

"矿山"中挖掘的工作特点。

简单地说，量化择时就是通过定量的方法选出合适投资时机的过程。下文首先介绍量化投资中基础的、核心的，同时也是最难的一个环节。

如果先不考虑选择什么样的投资对象，那么投资就是简单的单一资产投资，可以是一只股票、一只基金、一个期货合约或者一个指数的操作。单个资产的管理问题其实就是上面提到的择时问题，多个资产的管理择时问题就是仓位管理。

作为非专业的个人投资者，几乎每个人都有这样的经历：不是在大涨之前抛得太早，就是在大跌之前犹豫不决，或者拿着一只好股票"坐了电梯"——别人荷包满满，而自己只有"上上下下的感受"。

把握不住好的时机，总是踩不到点上的影响有多大呢？

美盛集团（Legg Mason）的报告显示：如果 1997 年初，你将 10000 美元投资于标普 500 指数，20 年后该投资就可以增长到 43175 美元，从而获得 7.59% 的年平均回报；但在从 1997 年 1 月 2 日到 2016 年 12 月 31 日的 5052 个交易日中，如果投资者仅仅错过其中 10 天"黄金时间"，回报率就可能会减少一半。因为在漫长的低迷期，投资者通常都会回撤资金，但市场反弹却经常突然发生，迅速得来不及反应——错过几个交易日，就可能意味着错过市场上的最大收益。

既然择时如此重要，那我们花大力气研究一番，再加上自动化无人干预的计算机程序，岂不是就可以发明一款"躺着赚钱"的"永动机"？事实是，好的选股策略是比较容易实现的，但择时就不是那么简单了。

大盘明天是涨还是跌？下个月是涨还是跌？明年是涨还是跌？这些都是问题。

对传统投资者而言，对单个资产进行管理，通常就是分析一下基本面，再看看是否有其他信息，把这些信息结合起来，综合思考得出结

论。大多数量化投资者也会沿用这一思路去建立择时模型，但很多宏观数据往往一个月甚至一个季度才发布一次，如果用这些数据去管理单个资产，除非管理的资产规模十分庞大，否则明显时效性不足、风险太高。根据索罗斯的反身理论，投资者的行为会影响价格，价格本身又反过来影响投资者的行为。简单地说，市场就是一个公开博弈的大赌桌，公开透明的择时指标往往不能长期发挥效用，投资者必须不断挖掘出更高效、更深层面的择时指标来指导投资决策，在其再次失效之前就要开始继续寻找下一个，如此不断更替。于是，在普通投资者看来，"高大上"的量化投资机构要么拥有"不为外人道也"的择时方法，要么给出的都是陈腐不堪、错误百出的指标，通常效果也不怎么样，甚至有人抛出"市场不可预测与择时"的论点，少数信奉"长线投资"的投资者以此曲解价值投资的理念，放弃择时。

虽然现在有各种批评言论，比如"交易是一门艺术，不是科学""由于低估风险，宽客引起了更多的市场波动性""宽客不能应对市场行情中的不寻常事件或快速变化"等，但无数专业人士以及学者寻找有效择时方法的脚步从未停止。量化择时以交易数据为基础，趋势跟随和逆势投资是目前两大主流研究方向。大家也许还听过它们的其他名字，比如动量和翻转、右侧交易和左侧交易，其实都是一个意思。量化投资者最推崇的择时方法是趋势跟随，后文会从技术面、基本面、资金面及行为金融等方面探讨择时策略的构建思路。

科技是第一生产力。在科技发展的推动下，量化投资也出现了一些新的变化：从固定单一策略向动态多维策略体系转变，从被动的高频交易向主动的智能投资转变，从跟随大众投资因子向开发特色个性因子转变，从追求高收益策略向控制风险与获取收益相结合的策略转变，从"一点"到"全局"的量化投资系统转变。未来，人工智能的飞速发展还将带领量化交易迈上新的台阶。

二、技术指标择时

技术指标择时着重于分析股票价格的波动规律，针对股价的上涨和下跌，主要分析股票的价格、成交数量和市场上供需双方的关系等市场因素，适用于分析短期表现。常见的技术有效指标有：价格、涨幅、成交额、成交量、换手率、振幅、总市值、流动市值、上市天数、移动平均线（MA）、平滑异同移动平均线（MACD）、相对强弱指数（RSI）、随机指标（KDJ）、布林线（BOLL）等。这些指标与普通个人投资者的生活比较接近，计算及运用简便、有理论基础假设，容易被投资者接受；但因包含的市场信息有限，假设较难通过理论方式证明，也存在一定的局限性。在实际操作中，可以通俗地理解为看线、看图表。

技术指标择时基于以下三大假设：一、外界的所有信息都已经反映在当前的价格中；二、价格会受趋势的影响；三、历史会重演。

技术指标择时常见的思路有均线法（MACD，BOLL 等）、随机过程法（自回归滑动平均模型、马尔可夫状态转移矩阵等）、非线性动力学法（赫斯特指数、非线性联立方程等），而不是我们常听到的道琼斯理论。

以简单移动平均线（SMA）为代表的均线型指标是技术指标分析中最常用、最重要的分析工具之一。移动平均线计算简单、使用方便，有效性也已得到充分证明。将移动平均线用于择时策略中，常用方法是比较股价和均线之间的关系，判定市场所处的状态。美国投资人葛南维（Jogepsb Ganvle）充分发挥了道琼斯的理论精神，所创建的"葛南维移动平均线八大法则"是这类择时策略的理论基础。具体如下：

1. 移动平均线由向下逐渐趋于平缓且略向上有抬头之势，

而股价由其下方不断向上有突破均线的迹象，即可买进。

2. 股价高于移动平均线，回调时也未跌破均线，后再度上升时，即可买进。

3. 股价高于移动平均线，回调时跌破均线，但长期均线继续呈上扬趋势，即可买进。

4. 股价低于移动平均线，突然暴跌，距离均线太远，且极有可能向均线靠近，即可买进。

5. 股价高于移动平均线，连续数日大涨，朝均线反方向越走越远，说明短期内买入者获利颇丰，随时都可能获利回吐，应暂时卖出持股。

6. 移动平均线由上升逐渐趋于平缓，而股价由均线上方向下跌破均线时说明卖方压力增加，应卖出所有股票。

7. 股价低于移动平均线，反弹时未突破均线，且均线跌势趋于缓和，趋于水平后又出现下跌势头，即可卖出。

8. 股价反弹后在移动平均线上方徘徊，而均线却继续下跌，最好卖出所有股票。

总而言之，股价高于移动平均线，且均线呈上扬态势是买进时机；股价低于移动平均线，且均线呈下降态势是卖出时机。

下文引用招商证券一个基于均线型指标的择时策略，让大家对量化择时有初步的概念。该策略通过比较简单移动平均线、指数加权移动平均线（EMA）、多空指标（BBI）、变异平均线（VMA）四个均线指标与市场价格，判断市场所处的状态，构建简单的择时交易策略，是趋势投资的典型体现。

简单移动平均线的计算公式为：

$$SMA(N)_t = \frac{1}{N}\sum_{i=0}^{N-1} P_{t-i}$$

其中，N 为移动平均区间，SMA_t 为第 t 时刻的移动平均数，P_{t-i} 为第 $t-i$ 时刻的收盘价或股价指数。简单移动平均线的计算参数只有一个：N。

该模拟策略的测试时间段为 1996—2010 年，通过比较 SMA 指标与收盘价格之间的关系来进行择时交易：当收盘价格高于均线指标时，做多；当收盘价格低于均线指标时，做空。具体择时法则如下：

$$\text{Signal}_t = \begin{cases} 1, P_t > SMA_t \\ 0, P_t < SMA_t \end{cases}$$

其中，Signal=1 表示买进，Signal=0 表示卖出。

测试参数为计算移动平均线的天数 N。在测试期间，N 以 1 天为间隔，测试范围从 1 天到 200 天，采用遍历的搜索方法，分别计算不同参数下的择时交易情况。

从测试情况来看，在不考虑交易成本的情况下，20 日左右的简单移动平均线的短期择时效果显著，尤其是 24 日线在过去 15 年里表现稳定，它在三个测试阶段的风险调整收益都优于买入持有策略，累计收益只在第一个测试阶段表现欠佳，在后面两个测试阶段内都能大幅跑赢指数收益。

之后，以同样的方法进行了 EMA、BBI、VMA 的单独测试和综合测试，并对比了无交易成本和有交易成本的情况，得出如下结论：

1. 指标最优参数选择：将 1996—2010 年的上证综指数据分为 3 个 5 年区间进行择时交易测试，在单个指标的测试中，SMA 最优参数为 24 日，EMA 最优参数为 16 日，BBI 最优参数为 5—10—20—40，VMA 最优参数为 22 日。

2. 单个指标最优参数择时效果：四个均线指标在计算天数较短时发出交易信号频率较高，适合进行短线择时交易。在不考虑交易成本的情况下，四个指标最优参数择时策略在三个测试阶段里的风险调整收益均优于买入持有策略，累计收益在 1996—2000 年整体表现欠佳，其余两

个阶段大幅战胜指数。

3. 均线短期择时对交易成本敏感度高。四种均线择时策略产生的交易十分频繁，导致交易策略收益对交易成本的敏感度非常高。在不考虑交易成本的情况下，四个指标中一个及一个以上指标发出买入信号做多、两个及两个以上指标发出卖出信号做空的综合择时策略最优，在历时 15 年的测试中累计收益达到 30 倍以上，如果考虑 0.5% 的交易成本，则大幅降低至 356%。（见图 5-1）

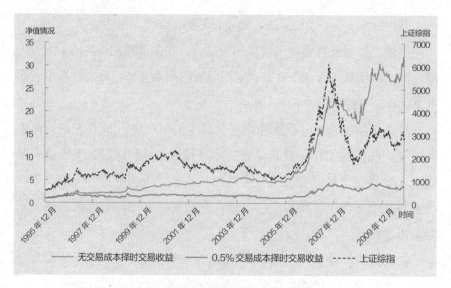

图 5-1　均线型指标最优综合择时策略的历史表现

资料来源：招商证券

除了最简单、有效、直接的经典均线指标，还可以选取指数平滑异同移动平均线、突破型的择时指标海龟交易法则、布林线等。海龟交易系统较完备，从一开始就受到趋势交易者的热捧。最简单的海龟交易思路是比较当前价格与前 20 日最高价或最低价的关系，突破最高价时进入，跌破最低价时退出。布林线的思路是当价格突破布林线上轨时看多，跌破布林线下轨时看空。

　　现在越来越多的人将多种择时策略结合起来使用，下面的例子
（见图 5-2、5-3）就是将宏观量价择时与技术海龟交易择时相结合，
虽然收益上有损失，但长期看来更加稳健，可以满足不同风险偏好的
投资者。

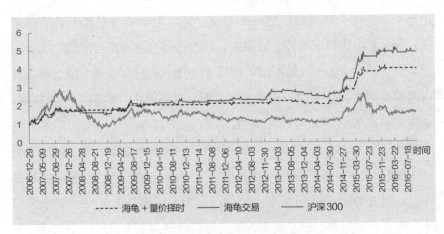

图 5-2　择时策略搭配海龟交易

资料来源：Wind、华泰证券研究所

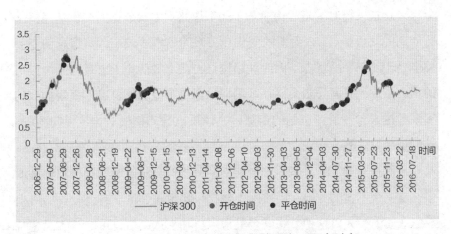

图 5-3　择时策略搭配海龟交易开仓、平仓时点

资料来源：Wind、华泰证券研究所

三、宏观指标择时

　　与低头从小处入手的技术指标择时不同，宏观指标择时需要投资者抬起头来关注大格局的信息——放眼全球，聆听各种经济、政治等新闻，分析影响股票市场的宏观因素，以及这些宏观因素与股票市场的相互关系；针对企业所处的经济、政治大环境，对行业发展、同业竞争及内部管理等进行全方位、多角度的分析，判断其内在价值和安全边际，侧重于研究股票的长期投资价值。常见的宏观有效指标有：实体经济指标（PMI，VAI[①]）、物价水平指标（CPI，PPI）、货币财政指标（M0，M1，M2）、企业价值指标（市盈率、市净率、市销率、市现率、股息率、流动比率、营业利润率、销售净利润率、销售毛利率、资产回报率、净资产收益率、资产负债率、总资产周转率、存货周转率）等。本节将重点介绍影响股票市场估值的直接因素，间接因素在《资本市场择时》中介绍。

　　宏观指标择时策略的构建基于如下思路：宏观数据的变化是经济运行周期的"预报员"，周期的变化在短时间内幅度较小，与市场的相关性也处于动态平衡状态。因此利用统计方法寻找历史上宏观因子与股市的相关系数，并假设相关性在观测期内保持不变，就可以根据观测到的宏观数据来预测股票市场的走势。具体可以采用横向对比、纵向比较、计量统计方法等。

　　虽然在专业人士看来，宏观层面的分析符合经济学原理、观察角度多，是一个不错的方向，但实际上数据采集困难，缺乏跨度较长的历史数据，让不少人对这种方法既爱又恨。再加上理论假设可能与实际相背

---

① VAI：工业增加值。

离，例如在横向、纵向比较中，"美国股市的经验""CPI、PPI 剪刀差会提前股市拐点 3 ~ 6 个月"之类的判断其实不是因果关系；在计量统计方法中，利用当期宏观数据来判断下一期股市的走势，本质上是在计算概率，而且很多时候市场的走势不由这些宏观参数决定，普通的个人投资者把握起来有一定难度。

在指标的选择上，因为官方数据公布滞后、公布频率不一致，以及数据历史长度不足、数据解释存在变异等，应注意数据筛选和处理。例如光大证券的研究人员曾用同步回归法筛选常见宏观因子，再逐步回归，挑出显著因子；样本外对样本内筛选的因子进行观测，并使用样本内拟合的参数对下周股市进行预测。样本外测试表明：择时策略近 5 年来表现优异，年化收益率达到 44.5%，夏普比率可达 1.78；最大持续亏损仅为 20% 左右的风险控制表现值得关注；买入信号和卖出信号均表现良好，多空信号表现相对平衡。

研究机构发现：全球主要股票市场及各国很多宏观经济指标存在内生、稳定的同步 42 个月和 104 个月的周期。可以构建某种周期模型，利用傅里叶变换观察数据的对数同比序列，选取能量最强的核心频谱，预测同比序列的未来走势，以此来判断市场，这也是宏观择时策略的应用。[①]

宏观择时还可以从行业出发，对每个行业应用择时指标做出看多或者看空的判断，综合所有行业的表现对大盘做出预测。这种策略基于市场整体大行情在大部分行业表现一致的统计——A 股大牛市来临时，所有行业都会上涨，大熊市也很少有行业能够一枝独秀。预测思路来源于"春江水暖鸭先知"——大行情来临之前，部分行业会提前于市场有所体现，所以行业的表现是整体市场的领先指标，行业层面的观察将会有利于预测市场。

---

①林晓明.量化择时系列报告：技术指标与周期量价择时模型的结合[EB/OL].（2016-11-04）[2018-12-10].http://vip.stock.finance.sina.com.cn/q/go.php/vReport_Show/kind/strategy/rptid/3510194/index.phtml.

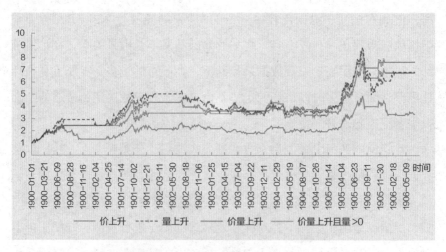

图 5-4　不同指标的测试结果

资料来源：Wind、华泰证券研究所
注：本测试净值从 1 开始，标的也进行归一化

四、资本市场择时

　　资本市场择时可以理解为广义的宏观择时的发展和细分，除了影响市场估值的直接因素（狭义的宏观择时），资本市场中还有很多间接因素对股市走向的影响不容小觑，比如汇率、债券、房地产等。这部分的择时策略以市场信息解读股市，帮助我们从多方位的投资视角观测股票市场，但要求操盘者对各类投资市场都有较深刻的理解，实际操作难度较大。

　　从 2005 年起，我国开始实行以市场供求为基础，参考一篮子货币进行调节，有管理的浮动汇率制度。人民币汇率的波动成为影响股票市场走势的重要因素。机构投资者认为分析汇率指标的走势将有助于判断

A 股市场趋势。

　　曾经有研究人员尝试从汇率的角度把握股票市场的变化趋势。与人民币汇率相关的指标有很多，例如美元指数、美元兑人民币汇率、人民币有效汇率等，每个指标的特性各不相同。构建策略的第一个难点在于指标的选取。研究人员发现，美元指数与 A 股市场趋势具有最大的相关性（与沪深 300 指数的相关性高达 –0.74），适合将其开发为判断 A 股市场趋势的汇率指标。

　　从 2005 年 1 月至 2010 年 11 月的上证综指、美元指数表现可以看出，隔夜美元指数的涨跌幅度越大，对 A 股走势的短线预测能力越显著。但是，由于股票市场对于隔夜美元指数的反应效率较高，投资者短线很难找到合适的入场时机，再加上交易成本对短线交易的巨大冲击，并不是短线投机操作的好机会。如果 A 股投资者在开始新一天的交易之前，观察一下隔夜美元指数的走势情况，还是很有启发的。

　　汇市股市联动择时策略的核心思想是通过判断股市汇市相对强弱指标的中长期走势，进而判断 A 股的市场趋势。当相对强弱指标处于上升通道时，买入股票；当相对强弱指标处于下降通道时，卖出股票。

　　选好指标后，还要注意不同的指标，需用不同的数据处理方法处理。有研究机构发现，股票市场估值水平（此处特指 PE）、债券收益率（BY）、债券股票收益率比（BEYR）与股票市场的走势密切相关，均展现出较好的股票市场择时能力。在不同的数据处理模型下，各指标表现有明显差异：均线模型下 PE 指标效果最佳，极值模型下 BY 指标效果最佳，马尔可夫机制转换模型下 BY 指标效果最佳，BEYR 在三种模型下均有较好的择时能力。

　　用 PE 表示股票的估值水平，股票的价格可以表示为市盈率与每股收益的乘积。股票价格的上涨可以表现为估值水平的提升，也可以表现为公司盈利的增加。实际上，股票价格走势与股票市场的估值水平存在着相互促进的关系，股票价格的上涨往往带动了市场估值水平的提升；

反之，预期市场估值水平的提升可以促进股票价格的进一步上涨。自2002年以来，上证综指走势与其市盈率走势完全一致（见图5-5）。

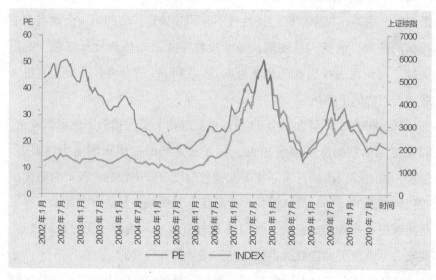

图5-5 上证综指市盈率水平与指数走势图

资料来源：Bloomberg、Wind、招商证券

　　股票市场与债券市场存在"跷跷板效应"——股票的价格走势往往与债券的价格走势相反。因为债券收益率与债券价格成反比，所以债券收益率走势应与股市走势同方向变动。从另一方面考虑，债券收益率上升意味着利率上升。一般情况下，利率上升意味着宏观经济形势不错或者通货膨胀严重，在这种经济环境下，股市一般都表现较好。自2002年以来，国债收益率走势可以较好地拟合上证综指的走势（见图5-6）。

　　作为证券市场的投资标的，股票和债券具有一定的可替代性，投资者会对两个市场的收益率做一定的比较。BEYR就是指债券收益率与股票收益率的比值，其中股票的收益率可以用"1÷PE"来近似计算。当BEYR处于高位时，意味着债券收益率过高，股票收益率过低，投资者

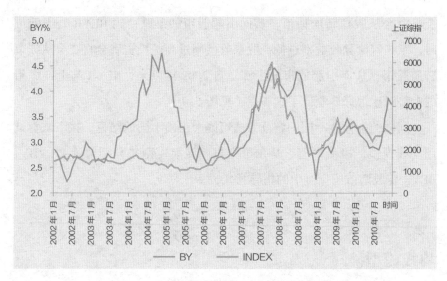

图 5-6　国债收益率水平与指数走势图

资料来源：Bloomberg、Wind、招商证券

注：国债收益率采用的是中债固定利率国债到期收益率曲线中七年期收益率

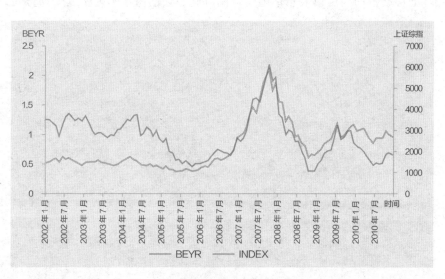

图 5-7　上证综指与 BEYR 走势图

资料来源：Bloomberg、Wind、招商证券

会将资金从股市转向债市，从而引起股市的下跌；当 BEYR 处于低位时，意味着债券收益率过低，股票收益率过高，投资者会将资金从债市转向股市，从而引起股市的上涨。自 2002 年以来，BEYR 与上证综指的走势对比很好地验证了这一点（见图 5-7）。

同样的指标，不同的解读方法可能会得出不同的结论。接下来尝试用均线模型、极值模型、马尔可夫机制转换模型来分别解读 PE、BY、BEYR 在股票市场择时中的指导意义。

均线模型

从某种意义上来说，市场估值指标的趋势代表着市场的情绪。情绪高涨时，意味着市场会走强；情绪低落时，意味着市场会走弱。估值指标的移动平均线可以表示估值变动的方向，当估值水平处于其变动方向

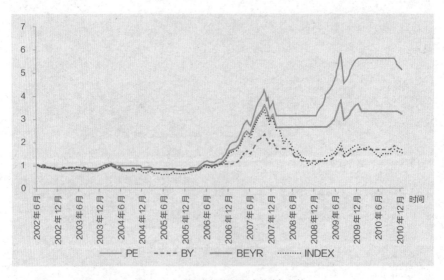

图 5-8　均线模型累计收益走势

资料来源：Bloomberg、招商证券

之上时，表明市场的情绪较高；当估值水平处于其变动方向之下时，表明市场的情绪较低。

均线模型，指利用指标当前值与其某一移动平均线做比较，指标当前值高于移动平均线时做多，否则就做空。均线模型的本质是做趋势的跟随者，顺应趋势采取行动，关键点在于均线参数的选择。若在计算移动平均线时，采用的数据时间段过长，则均线的灵敏度较低，在投资策略中表现为策略不能及时跟随趋势；若采用的数据时间段过短，则均线波动较大，在投资策略中表现为多空切换过于频繁。

极值模型

任何市场估值指标（包括 PE，BY，BEYR 等）均存在一个长期的均衡值，当指标偏离该均衡值达到一定程度时，市场就会对此做出修

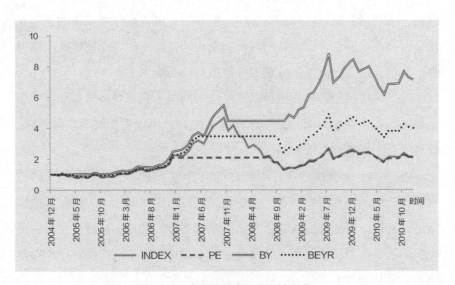

图 5-9　极值模型累计收益走势

资料来源：Bloomberg、招商证券

正，将指标值拉回均衡值附近，这个过程类似于弹簧的摆动。同时，指标的运动过程还存在一定的惯性效应，当指标沿着某一趋势运行时，往往由于投资者的过度反应很难适可而止，可能会使指标值偏离均衡状态很远。

极值模型正是基于指标的这种弹簧效应，当指标值在某一方向偏离长期均衡值达到一定程度时，就认为市场达到了一种极端情况，这种极端情况不会维持多久，因此做出相应的投资决策。

对极端情况的界定是这一模型成败的关键。目前，多选择指标进入其分布尾端的某一小概率区间是极端情况发生的标志。

马尔可夫机制转换模型

回望历史，宏观经济与金融中的众多指标曾发生巨大变化。当我们拿到某变量的历史数据时，可以根据显著变化的次数，将这些历史数据划分成不同阶段，然后分别建模。但显然，没人能预测变量的显著变化是否会再次发生，因而我们对机制变化的预测不能完全视作确定性事件。此时，用历史数据来分别拟合的模型就不恰当了。

马尔可夫机制转换模型可以解决这一问题：它将这种转换作为一个变化的因素，在估计时用统一的模型来拟合，不仅更加符合实际情况，而且可对未来进行有效预测。

PE，BY，BEYR 均存在周期性的上升与下降，在上升与下降的过程中，指标的统计特性有着巨大变化，正好可以用马尔可夫机制转换模型进行处理。将指标所处的上升和下降状态分别处理，通过应用马尔可夫机制转换模型，预测下一阶段指标处于某一状态下的概率，用作投资决策。指标处于上升状态的概率大于 0.5 时做多，否则就做空。

下文结合技术指标择时、宏观指标择时、资本市场择时，介绍一种

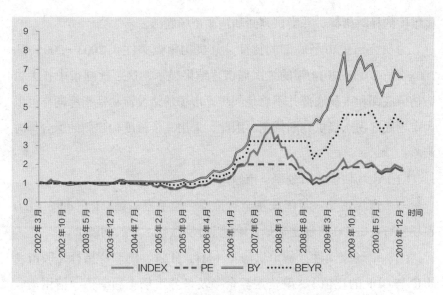

图 5-10　马尔可夫机制转换模型累计走势

资料来源：Bloomberg、招商证券

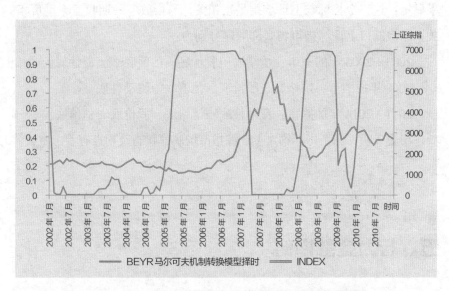

图 5-11　BEYR 马尔可夫机制转换模型择时效果图

资料来源：Bloomberg、Wind、招商证券研发中心

注：左竖轴可认为是股票投资组合的仓位，也可认为是一种方向

多维度的择时指标，并尝试判断和预测市场底部。

为研究历史市场底部的特征，某机构重点关注了 2003—2005 年、2008 年、2011—2014 年的三次熊市。结果显示，这三次熊市中各大指数估值底部和市场底部并不总是同步，市场情绪及流动性指标同样可以为市场底部拐点提供判断依据。因此，采用三个维度构建新的综合择时策略：

（1）市场估值：市盈率、市净率。

（2）市场情绪：封闭式基金折价率、换手率对数、IPO 市场（IPO 市场发行量、IPO 市场融资量、IPO 首日涨跌幅）及股利溢价。

（3）市场流动性：货币供应量（M1，M2）、巴菲特指标（股市总市值与 GDP 的比值）、融资融券余额及债券市场（利率债、信用债收益率及信用利差）。

基于上证综指合成了情绪指标、估值指标及流动性指标，统计结果显示：这三个指标与上证综指呈正相关，与指数下一期收益率呈负相关。三次熊市上证综指市场底部顺序分别为：

2003—2005 年的熊市：情绪底→股价底→估值底→流动性底。

2008 年的熊市：情绪底、股价底、估值底→流动性底。

2011—2014 年的熊市：流动性底→情绪底、股价底→估值底。

历史表明，三个指标均对上证综指市场底部状态及拐点有参考意义。

五、行为金融择时

行为金融是近年来比较受关注的一个话题，马修·拉宾（Matthew

Rabin）、丹尼尔·卡尼曼（Daniel Kahne-man）、弗农·史密斯（Vernon Smith）是这个领域的代表人物。

与传统的有效市场假说（EMH）不同的是，行为金融学说认为证券市场表现出的价格及变动并不仅仅由证券的内在价值决定，还在很大程度上受到投资者主体心理与行为的影响。

行为金融择时就是以这些独特的视角分析资本市场，为投资者提供丰富的市场信息，但由于理论基础尚处于研究阶段，通常模型构建较复杂，本节主要从投资者情绪、日历效应（Calendar Effect）、非理性行为三个方面，简单介绍目前的常用策略。

说到投资者的情绪指标，早期学者已多有涉及，2006 年杰弗里·沃格勒（Jeffrey Wurgler）和马尔科姆·贝克（Malcolm Baker）梳理了前人的研究成果，总结出六个反映市场情绪的指标，受到广泛关注：封闭式基金的折价率、纽约证券交易所（NYSE）指数换手率 5 年平均值、IPO 市场的发行数量及首日收益率、股权占比（股票市值占股市和债市的比值）、股利溢价。这些情绪因子的内容和应用，市场上已经有很多书介绍过了，这里就不详细叙述了。

下文应用市场分化理论，通过资本资产定价模型（CAPM）构建趋同度指标。趋同度与指数的协同变化，是研究投资者情绪择时的一个代表性模型。

市场分化理论是"兴登堡凶兆"（Hindenburg Omen）的核心，该指标由数学家吉姆·米耶卡（Jim Miekka）于 1995 年提出，它基于市场新高、新低，通过技术分析预测股灾，以 1937 年坠毁的飞船"兴登堡号"定名。

趋同度的绝对大小与指数涨跌幅有着密切关系（见图 5-12），模型静态分析结果为：趋同下跌可持续，趋同上涨不可持续；分化上涨可持续，分化下跌不可持续。但其中的"分化""趋同"都是指趋同度指数静态的高位与低位，面对瞬息万变的市场，如果仅关注趋同度指

数静态的高位与低位，无疑损失了大部分的投资机会。两者结合协同变化，就会起到事半功倍的效果。历史规律显示，趋同度可以视为一种维持市场惯性的力量：当趋同度上涨时，市场走势将易于持续，择时信号采用动量策略；当趋同度下跌时，市场走势将不易于持续，择时信号采用反转策略。[①]（见图5-13）

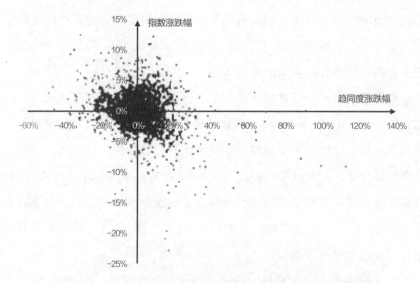

图 5-12 上证综指趋同度涨跌幅与指数涨跌幅的关系散点图
资料来源：方正证券研究所、Wind

在行为金融学的发展历史中，日历效应是最早被观测到的市场异象之一，与有效市场假说相悖，资产收益不再随机，而是基于特定的日历期间，存在一定的可预测性。日历效应具体可以细分为季节效应、月份效应、星期效应和假日效应。对于日历效应，有一种解释是人们在投资决策过程中，由于认知偏差和情绪、情感、偏好等心理原因，导致无法

---

① 高子剑.情绪温度计：趋同度择时的新视角 [EB/OL].（2017-02-15）[2018-12-10].https://chuansongme.com/n/1571219151915.

以理性方式做出无偏估计而产生的一种现象。

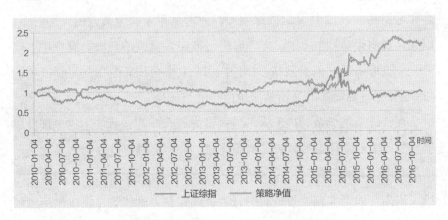

图 5-13　趋同度策略与上证综指净值曲线

资料来源：方正证券研究所、Wind

国外对于金融市场的周期性异象已有大量研究，国内的研究机构也有如下发现：

＊"Sell in May and Buy in October" 同样适用于中国股市，意味着秋天开始持股、夏天就卖出的战术其实非常有效。

＊A 股市场具有显著的 2 月上涨、6 月和 8 月下跌现象。在 2 月上涨的行情中，小盘股上涨更为显著；6 月和 8 月则为全面下跌。5 月，中小板、创业板、中证 500 指数都有较大概率上涨，其中创业板势头最猛。相应地，12 月表现出极强的大盘股上涨效应，小盘股的表现相对一般。

＊行业轮动现象非常明显，各月份都有不同的强势和弱势行业。

其实这种日历效应，背后有着比较深的交易型因素，值得大家仔细体会。例如，中国农历春节大约在 2 月，在春节前一两周，大家逐渐开始休年假、回老家、兑现一定收益发红包等，体现在股票市场上就是交易量开始萎靡，但到春节后交易量往往突然恢复，导致市场短期上

涨。6月底往往是各大金融机构半年考核的关键时点，反映在银行间逆回购利率快速上升、资金面较紧张，而这种情形对投机性较强的小盘股是非常不利的。11月是国内保险等行业考量年度投资绩效的关键时点，因此兑现中小盘股收益，"集体取暖"抱团大盘股的现象时有发生。此外，A股市场的"两会效应""年中经济工作会议行情"，美股市场的"联储议息日异动"等日历效应也值得细细体会。

在传统金融学范畴内，人都被假设为具有非凡运算能力的"理性机器人"，这无疑是跟实际情况相违背的。行为金融研究者尝试寻找人们做出非理性和非逻辑性行为的依据和过程，并找到符合人类投资行为的投资依据。如果非理性投资者的行为持续存在，就代表存在可供产生阿尔法（即超额收益）的投资机会。这就是利用非理性行为反应进行逆向投资的原理。

利用过度反应投资的案例很多，其实每年都能找到投资者情绪过分悲观或者乐观导致的行情。例如2016年1月熔断之后，投资者情绪过分悲观，实际造成了一个中期底部；2018年年初，投资者过分追逐上证50指数，导致其估值明显高于正常水平；2018年9月，在中美贸易摩擦的影响下，A股大幅调整，多数个股已经不再下跌，出现跌不动的行情。

六、人工智能择时

随着计算机硬件、软件技术的提高，交易速度也越来越快，使投资者有机会抓住市场上瞬时的微小交易机会。同时，随着国内外证券市场的发展，加上大数据、云计算的发展，为量化策略的回测提供了可靠的历史数据，使定性的经验可以转化为定量的策略，并在实盘交易之前得到一定程度的验证，为提升量化策略的稳定性和可靠性提供了有力保障。据统计，2015 年创建的对冲基金中有 40% 依赖于计算机模型做投资决策。同时，金融市场每天产生的大量交易数据已经远远超过人工处理的能力，以 A 股市场为例，以秒为单位的高频数据，每个交易日都会产生 2000 多万个新的数据样本。

在计算机科学技术发展的大背景下，存储成本降低、计算速度提高，越来越多的机构和个人开始尝试使用人工智能择时。机器学习是人工智能的核心，主要是使计算机具有自我思考的能力，特别是具有思考如何在经验学习中改善具体算法的性能。与之前提到的各种以人为主导的择时策略构建方式不同，人工智能择时以机器为主导，输入和输出海量数据，让机器通过学习自己产生择时策略，整个策略构建过程类似于"黑盒"，投资者不可见。在大数据的基础上，投资者能够利用知识框架构建数据之间的内在关系，对这些关系的种类和特性进行总结，作为机器学习的基础。同时，进一步梳理事件影响的传递路径，丰富各个数据结点的关系网。有了这样的信息结构和实时的原始数据，投资者就可以判断和模拟各类事件发生时给市场带来的作用。

经验表明，投资者在市场中时时刻刻都处于信息劣势，需要面对非完美信息、扩展式博弈：投资者不可能知道市场中的所有信息，需要利用有限的已知信息做出一系列投资决策。而资本市场瞬息万变，资产价格上涨时，有人会后悔没有提早入市；资产价格下跌时，又有人遗憾未能及时平仓。研究人员将这种虚拟的遗憾量化，计算使其最小化的抉择，应用在量化择时中，给出预测的多空信号——将"遗憾"最小化，或者说将收益最大化，就是这种择时策略要达到的目标。如果将博弈的局中人看成市场上所有的投资者，那么所有投资者的集体行为就可以抽象成市场指数的走势，把市场指数当作对手进行博弈，站在全局的高

度，为每一步决策提供有效的策略。

根据指数的历史数据（对手的历史动作序列），以日为时间尺度，用虚拟遗憾最小化策略，预测下一个交易日指数上涨、下跌的概率，即执行做多、做空动作的概率，进而给出量化择时的多空信号。在实证中，将虚拟遗憾最小化算法用于沪深 300 指数、上证指数、中证 500 指数、创业板指和中小板指，进行多空择时和纯做多择时，总体风险收益情况良好。

七、小结

证券市场投资不属于自然科学，择时是投资领域的金字塔塔尖，无法用非常严谨的科学推导获得择时结论。量化的方法可以帮助我们更靠近规律。量化择时的构建过程都要经过指标选择、模型构建、历史回测、实盘测试、评估、修正这一过程，不断循环迭代，优化完善。历史上被证明有效的策略，很可能因为信息公开而瞬间失效，新一轮的策略探寻之路由此开始。

择时的方法和种类并不拘泥于以上几种，不论是普通的个人投资者还是专业的机构，都有可能发现和有机会构建自己的择时策略。需要注意的是，任何一种方法都有弱点，从判断正确的概率来看，目前的长期胜率一般难以超过 70%（如果有人称某种方法胜率达到 80%，那我们就要警惕是否存在"江湖游医"的可能），并可能在一些决策关键时点难以信赖。大家在自行消化吸收择时模型的同时，也要考虑不能过度参数优化（即为了达到最好的回测结果而调整参数），参数的细微改变，其影响可能是很大的，切忌用超出实际含义的参数，去"追逐"一个好的回测结果。

对于量化择时的诸多方式，建议在实战中批判性地多指标结合起来运用。大家可以在实战中自行体会每种择时系统的优缺点，例如均线模型，由于是多个交易日平滑后的结果，所以信号的发出很可能是滞后的、右侧交易型（晚于大盘实际见顶 / 见底时间）的。而估值类的择时模型，往往能够给出较合理的介入时机，但交易时点一般偏左侧。此外，理论上完美的择时指标应该在任何拐点都能发出强烈的反转信号，但事实上，无论是从逻辑还是博弈论而言，能每次预示，甚至经常预示拐点的指标绝不可能出现。从投资角度来说，若择时能不错过大的系统性机会、能回避较大的系统性风险、能较好地辨别盘整状态，就可以称为有效的择时策略。

第 **6** 章

行业轮动

▲35.21

▲23.97

▲87 56

▲23.97

一、风格投资综述

在上一章择时问题的探讨中，我们将投资简化为不考虑投资对象选择的单一资产买卖，有效的择时策略可以帮助我们获得超额的收益。现在假设整个地球有一个投资标的综合指数，我们拥有完美的量化择时策略，可以成功为我们捕获每个投资机会。然而，在同一时点，不同国家的综合指数收益有高低，涨跌也不一样。如果不再对全球综指进行操作，而是用买入收益最高的 A 国综指，同时卖出收益最低的 B 国综指来代替，岂不是获利更多？这样，就在不知不觉中完成了从管理单一资产的投资"小白"，到配置多种资产的投资专业人员的角色转变。

接下来，深入挖掘、举一反三，将不同的投资对象分开（如大宗商品、股票、债券和房地产），应用不同的择时策略，也会获得超额收益；不同规模的股票（大盘股、中盘股和小盘股）、不同成长性的公司（价值型、平衡型和成长型）、不同的行业、不同的货币等都有同样的投资表现，就像无意中发现了一座金矿，深陷其中不能自拔。这时，一个声音就响起来了——"欢迎来到风格投资的世界"！

"风格投资"的说法起源于 20 世纪 70 年代，研究人员发现有些不同行业的股票具有某种共同的市场表现，即具有群体特征。按照这种相似的特征和市场表现对其进行分类，不同类别的股票表现出的收益特征不尽相同，且表现较稳定。也就是说，同一风格分类中的股票高度相关，而不同风格分类的股票收益则是不相关，甚至是负相关的。最早的风格分类有成长、周期、稳定和能源四大类。后来人们还提出了各种各样的分类办法[1]，其中认可度最高的风格分类是 Fama（法玛）和 French

---

[1]刘湘宁.风格转换与风格轮动策略 [J].股市动态分析周刊，2009（50）：11-12.

（弗兰奇）的三因子模型。

虽然 William Sharp（威廉·夏普）1970 年提出的 CAPM 模型，为现代金融市场价格提供了理论基础，并帮助他在 1990 年获得诺贝尔经济学奖，但这种单一 β（证券风险溢价与股票市场溢价的相关系数）的理论，很快受到市场上各种异常现象的冲击。Fama 和 French 以 1963—1990 年为样本期，运用横截面回归法研究 β 与收益率的关系，结果发现两者并不相关，甚至在控制了规模变量后，β 与收益率的关系仍然不明显；股本市值和账面市值比两个变量联合起来，才能更好地解释股票平均收益率的横截面差异。

1993 年，Fama 和 French 证实投资组合的超额回报可以用三个因子来解释：市场超额收益（$R_m - R_f$）、公司规模超额收益（SMB，即用小市值公司收益减去大市值公司收益）、公司成长性超额收益（HML，即取账面价值和市场价值的差额，反映投资者对公司价值的认可度）。

继三因子模型之后，Carhart（卡哈特）1997 年提出了动量因子，得到四因子模型；Fama 和 French 2015 年在三因子模型的基础上增加了盈利能力因子和投资因子，得到五因子模型……三因子模型开启了人们对因子投资的研究，每一种新的因子，都是一种新的分类标准、新的套利机会，也就意味着新的投资风格的产生。随着对因子认识的不断加深，资产需要管理，寻求差异化竞争优势的机构投资者纷纷加入这场掘金大潮中，多风格指数及其基金产品应运而生。行业作为一种独特的分类因子，是风格投资不断细分和深入的结果，再细分到个股选择，这部分内容在下一章介绍。

CAPM 虽然在市场中多受冲击，但其严谨的数学推导却清楚地告诉人们高收益伴随着高风险的道理；在资金有限的前提下，"鱼与熊掌"亦不可兼得。面对如此多的风格，哪一种更有效？应该选择投什么？投多少？这都不能靠拍拍脑袋就做出决定。量化的方法，会帮助我们从海量的历史数据中找出规律，验证其有效性，并不断修正，实时更新，帮

助我们做出理性的决定。在后文中，将进一步介绍量化手段与经典风格、行业轮动相结合的应用实例。

在进入实例之前，首先要解决一个问题：当前是什么情况？只有知道了时点，才能选择。如果大前提出现了偏差，即使后面的工作再准确、再细致，那过程和结果也没有任何意义。作为择时策略的延续，要想知道"现在几点了"，先看看下面几个"时钟"。

二、投资时钟

时钟以 12 小时为一周期，1 小时以 60 分钟为一周期，1 分钟以 60 秒为一周期。在经济发展的总趋势下，市场经济活动也存在有规律的扩张和收缩，即存在经济周期。经济周期是国民收入或总体经济活动扩张与紧缩的交替或周期性波动变化，是所有周期的基础。从历史中寻找周期的规律，用时钟的方式形象地进行归纳和描述，有助于理解经济周期的进展，并帮助投资者思考每个对应阶段的资产配置。

Sam Stovall（山姆·斯托瓦尔）1996 年分析了美国 1970—1995 年的经济数据，将这 25 年分为 4 个扩张期和 3 个收缩期，其中扩张期分早、中、晚 3 个阶段，收缩期分早、晚两个阶段，是经济周期划分的早期代表。美林证券 2004 年提出"投资时钟"报告，统计了美国 1973—2004 年的市场表现，指出经济波动具有周期性，分为衰退、复苏、过热和滞胀四个阶段，并通过数据实证表明，如果能在不同经济周期运行状态下配置合适的资产或行业，可以获得超额回报，是现代经济周期研究的基础性文献。

＊衰退阶段（低 GDP + 低 CPI）：经济增长缓慢，通货膨胀率低。债券是这个阶段最好的投资对象。

＊复苏阶段（高 GDP + 低 CPI）：增长和低通胀是每个周期的黄金时段。股票是这个阶段最好的投资对象（但不是只在复苏阶段适合投资股市）。

＊过热阶段（高 GDP + 高 CPI）：高增长和高通胀时期的股票仍然表现好，但表现不如复苏阶段。为了吸引更多的资金流入，债券提高利率，与股票展开收益率之争。在这个阶段，商品是最好的投资对象。

＊滞胀阶段（低 GDP + 高 CPI）：在这一阶段，现金是最好的资产。

基于美林证券提出的理论框架和关键问题，国内一些机构和学者也开展了很多研究。郑木清（2003）将产出缺口和利率变动作为划分经济周期的方式，并给出了股票、债券和现金的混合资产配置方法。刘锋（2010）利用 M1 和 M2 的同比增速差进行货币政策周期的划分，结果表明：在货币扩张阶段，周期性行业表现更佳；在货币紧缩阶段，非周期性行业表现更好。侯效兰（2012）使用工业增加值和 CPI 来进行经济周期划分，梳理了 A 股各个行业在不同经济周期状态下的表现，并给出了相应的配置方案。

无论是美林证券的投资时钟，还是其拓展研究，核心思想都是通过宏观指标来划分经济周期运行状态，将经济周期用时钟的方式形象地表示出来，进而指导资产/行业配置。这样的研究体系都面临着以下挑战：

首先，整个经济体是一个庞大、复杂而又联系紧密的系统，无论哪种宏观经济指标，都只是观测复杂经济体的一个低维视角，还受到偶发事件等"噪声"影响，难以刻画经济体的全貌。其次，不同国家的市场机制、政策取向、法律与监管环境不一样，金融周期调整的路径、节奏、方法与时序也存在差异，经济结构差异导致各行业对商业周期的敏感性和风险敞口也不一样，过于简单的周期划分在实际操作中就失去了指示意义。最后，目前的研究显示，即便站在当下对历史行情进行划分都很难达成共识，那对未来走势发表正确预测观点更是困难重重。

虽然想知道"现在几点了"似乎是一个没有标准答案的难题，但多角度、统计量化的回测法还是可以为我们找到一条前进的道路。例如，华泰证券的研究者转换思路，从微观——行业指数自身的周期性波动出发，去挖掘背后的周期规律。[①] 这一思路主要基于两点：投资者的每一次买卖行为都是分散在社会各个角落的经济信息的体现，海量交易汇聚而成的行业指数可以反映经济周期运行状态的变迁；与公布频率偏低、总是滞后的宏观指标相比，行业指数的数据质量更高，实时性更好，更适合高频交易的市场节奏。

海量数据验证证明：全球主要国家股票市场指数、CPI、PPI、CRB[②] 等均存在与古典经济学中基钦周期、朱格拉周期、库兹涅茨周期基本一致的三个周期。在股票、债券、大宗商品、房地产四大类资产中，如果按照贴近实体经济的程度排序，大宗商品对实体经济的变化最敏感，最适合作为观测基本面运行状态的实时窗口。首先对 CRB 综合现货指数进行对数同比处理，然后利用高斯滤波器提取这三个周期附近的频率成分。得出如下结论：

＊库兹涅茨周期反映了经济基本面的长期趋势，决定投资风格。周期上行时，投资风格偏盈利驱动，周期板块更占优势；周期下行时，投资风格偏估值驱动，非周期板块更占优势。

＊朱格拉周期反映了无风险利率的中期走向，决定市场估值水平。周期上行带动利率上行，流动性收紧，资金脱虚入实，股市估值中枢下行；周期下行带动利率下行，流动性宽松，资金脱实入虚，股市估值中枢抬升。

---

①林晓明，李聪 . 周期视角下的行业轮动实证分析 [EB/OL]. (2018-03-06) [2018-12-10]. http://pdf.dfcfw.com/pdf/H3_AP201803071100166564_1.pdf.
②CRB：Commodity Research Bureau（美国商品调查局）依据世界市场上 22 种基本的经济敏感商品价格编制的一种期货价格指数。

＊基钦周期反映了市场牛、熊趋势，决定短期方向。周期向上时，股市一般处于上升通道，可积极做多；周期向下时，股市并不会立马向下，因为 A 股过往几轮基钦周期中多呈现出"牛"长"熊"短的特征，高点一般在后半段出现。

如果将投资对象缩小到股票市场，我们只要能对涨跌周期进行判断即可：将市场的上涨和下跌分别看作一个循环过程，只要循环没有被打破，就可以一直持有或空仓；一旦循环被打破，就进入另一个循环，便进行买入或者卖出的操作。

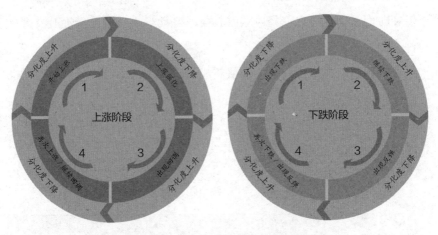

图 6-1 市场上涨周期与下跌周期

资料来源：申万宏源研究

综上所述，量化周期研究是将全球视为一个整体，这个整体在运动过程中存在一定规律，受到系统级别的不同周期影响，只不过不同国家经济发展阶段不同，各种投资对象受各周期影响的程度也不同。对投资时钟的定义，也不限于以上几种。在经济周期的大背景下，货币周期、财政周期、流动性周期、股市周期、行业周期等都是有益的尝试，这些周期彼此联系紧密，相互影响和作用。在进行资产配置时，应充分分析自身的情况，选择合理周期的时钟作为依据，因地制宜，

切不可生搬硬套。

三、经典风格

正如前文所述，Fama 和 French 在 CAPM 模型的基础上，提出股本市值和账面市值比可以解释股票的收益率变动。小盘溢价与价值溢价也被许多国内外研究所证实。

在我国进行风格投资时，价值与成长、大盘与小盘等风格的轮动也一直是市场关注的重点，实际操作中多将两种指标结合起来，形成如表6-1 所示的 9 种风格类别（盘子的大小以累计市值进行排序，成长性类别按照账面市值比划分）：

表6-1　9 种风格类别

	价值型	平衡型	成长型
大盘股	大盘价值	大盘平衡	大盘成长
中盘股	中盘价值	中盘平衡	中盘成长
小盘股	小盘价值	小盘平衡	小盘成长

不同的投资风格在不同阶段及市场环境下的表现具有明显差异。大、小盘风格轮动是 A 股常态。以大盘价值指数与小盘成长指数为例（见图 6-2），从近几年的表现可以看出，在 2015 年的牛市及股灾中，小盘成长股在前期表现显著优于大盘价值股，但在股灾来临后，两者均大幅下跌；自 2016 年以来，大盘价值股的表现一直稳步上行，小盘成长股则表现弱势，因市场的避险偏好而表现为震荡下行。在 A 股市场

上，几乎不会看到大盘股和小盘股同幅上涨或下跌的情况。投资者经常会发现"赚指数不赚钱"，即配错了风格。若能很好地把握在不同宏观环境下市场的风格偏好，并相应地构建策略来捕获这种收益，那么将为投资者带来超额收益。[①]

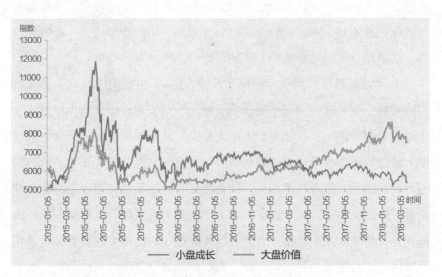

图 6-2　大盘价值与小盘成长指数近两年的表现对比

资料来源：广发证券

宏观因素、股指涨跌、投资者情绪及前期走势等都是影响大、小盘风格轮动的重要因素：

*当宏观经济向好时，小市值公司有好的发展环境，易于成长壮大，投资者比较乐观，会给予这类公司较高的估值，小盘股会明显跑赢大盘股；当宏观经济较差时，投资者会在避险的驱动下，追捧经营相对稳健的大市值公司，此时大盘股表现会明显好于小盘股。

*大盘股和小盘股的估值差会遵循一种均值回复的过程。股指上涨

①广发金融工程研究．宏观视角下的风格轮动探讨 [EB/OL]．(2018-04-10) [2018-12-10]. http://www.sohu.com/a/227814806_465470.

时，小盘股一般会跑赢大盘股（约60%的概率）；在市场看多情绪高涨时，可能会不断推高某一风格指数；若某一风格指数前期涨幅较大，投资者获利了结的意愿增强，接下来走弱的概率就会增加。

*当市场上某种风格的股票走势较强时，羊群效应会让投资者继续追逐这类股票，使这类股票的强劲走势得以延续，故投资者情绪可能会强化风格轮动，并延长轮动的时间。然而，风格轮动持续一段时间以后，估值相对优势就会减弱，市场可能会追逐另一种风格。

上述因素都可以用技术指标来反映：RSI（相对强弱指数）是涨跌幅的对比，如果某种风格指数前期涨幅大、跌幅小，则该类风格后市有望继续走强；PSY（心理线）是涨跌天数的对比，如果某种风格指数前期上涨的天数明显较长，则该指数有可能已经"强"过头了，后市转弱的可能性较大。从各技术指标、估值指标与风格指数相对收益的相关性来看，RSI和风格指数一般有一定的正相关关系，可看作动量因子；而涨跌幅、PSY、估值指标、成交量与风格指数的负相关性显著，可看作反转因子。成交量也是反转因子，表明前期成交清淡的风格指数，后市转强的可能性较大。

至此，风格轮动被简化为一个二元问题——要么小盘股领先大盘股，要么大盘股领先小盘股；或者一个三元问题——小盘强于大盘、大盘强于小盘、大盘与小盘相当。将这些状态再次拆分，就转化为两个问题：谁会领先谁？领先的幅度是多少？下面的Logit模型可以提供风格转换的概率，概率越高，领先的幅度可能越大。

采用Logit模型预测风格的条件是，风格转换的概率应当与指标的关系是非线性关系（S型曲线），随着指标的绝对值增加，概率接近0或1的速度会越来越慢。例如，中证500、中证100的PE差在15倍左右波动，PE差从15倍增加到25倍时，小盘跑赢大盘的概率可能会从50%上升至70%；PE差从25倍增加到35倍时，概率可能会从70%上升为80%；PE差从35倍增加到45倍时，概率可能会从80%上升为85%……

Logit 模型可以表示为:

$$L_t = \ln(\frac{P_t}{1-P_t}) = \beta_0 + \beta_1 x_{1t} + \beta_2 x_{2t} + \cdots + \beta_m x_{mt}$$

其中$P_t = \frac{e^{Lt}}{1+e^{Lt}}$为风格转换的概率,当自变量无限增大(假定系数为正)时,$P_t \to 1$;反之,$P_t \to 0$。在最简化的单因子情况下,该模型的难点在于如何估算风格转换的概率P_t。在实际操作中,研究人员把自变量相近的样本集中起来,统计成功的次数,据此估算概率P_t。考虑到不同的自变量在数量级上有较大差异,我们先把这些自变量进行标准化处理,再计算各样本之间的欧式距离,选择欧式距离最小的N_t个样本,统计成功的次数,并估算每个样本成功的概率。N_t不能太大也不能太小,N_t太大,选的样本较多,样本间的差异较大,对概率估计的精确度会下降;N_t太小,选的样本较少,缺乏代表性。另外,所选的N_t个样本最好分布在不同的时间点,如果所选样本集中在某个特定的时间段,代表性也较差。

研究机构每周根据最新的变化判断一次风格变化,获得了 239 个样本。为兼顾代表性和准确性,N_t设为 10 ～ 15 个。选择其中相关性较大的指标——6 月涨幅、6 月 PSY、PE,采用 Logit 模型进行拟合,并据此预测风格轮动,如表 6-2、表 6-3 所示。

表 6-2　小盘股相对收益与各技术指标、估值指标的相关性

指标	后1月相对收益	后3月相对收益	后6月相对收益	指标	后1月相对收益	后3月相对收益	后6月相对收益
1 月涨幅	0.038	0.099	-0.171	1 月 PSY	0.024	-0.094	-0.158
3 月涨幅	0.013	-0.217	-0.496	3 月 PSY	-0.060	-0.170	-0.338
6 月涨幅	-0.364	-0.574	-0.351	6 月 PSY	-0.189	-0.359	-0.362
12 月涨幅	0.150	0.018	-0.144	12 月 PSY	-0.181	-0.159	-0.046
1 月 RST	0.111	0.167	0.179	1 月成交	-0.210	-0.180	-0.176
3 月 RST	0.126	0.214	0.173	3 月成交	-0.207	-0.242	-0.142
6 月 RST	0.142	0.253	0.204	PE(TTM)	-0.233	-0.495	-0.600
12 月 RST	0.169	0.312	0.262	PB	-0.127	-0.155	-0.151

资料来源:浙商证券研究所、Wind

表 6-3　部分单因子 Logit 模型的样本内表现

应变量	自变量	β_0	β_1	残差标准差	准确率	准确率（大于60%或小于40%）	准确率（大于70%或小于30%）
后1月相对收益	6月涨幅	0.345★★★	−0.022★★★	0.066	61.09	69.88[83]	80.95[21]
	6月 PSY	0.063★	−0.063★★★	0.111	54.81	62.75[51]	NaN[0]
	PE	1.044★★★	−0.053★★★	0.088	57.32	65.79[76]	100[4]
后3月相对收益	6月涨幅	0.464★★★	−0.034★★★	0.076	62.34	67.63[139]	86.11[36]
	6月 PSY	0.119★★★	−0.146★★★	0.122	63.60	69.93[153]	86.49[74]
	PE	1.817★★★	−0.098★★★	0.108	56.07	68.57[140]	95.12[41]
后6月相对收益	6月涨幅	0.377★★★	−0.016★★★	0.077	56.07	62.2[82]	92.31[13]
	6月 PSY	0.14★★★	−0.153★★★	0.094	61.92	71.24[153]	85.14[74]
	PE	2.574★★★	−0.143★★★	0.115	61.09	68.18[176]	89.13[92]

资料来源：浙商证券研究所、Wind

注：*、**、***分别表示在10%、5%和1%的水平上显著

　　可以看出，单因子 Logit 模型对后1月的风格轮动预测效果一般，只有以6月涨幅为自变量预测风格的效果较好，其准确率为61%，单调性也较好，当概率大于60%（或小于40%）、大于70%（或小于30%）时，准确率可以进一步提高到70%～80%。6月涨幅和6月 PSY 对后3月的风格预测效果较好，准确率可以达到62%～64%。6月 PSY 和 PE 对后6月的风格预测效果较好，准确率可以达到61%～62%。它们的单调性都很好，表明所选的因子符合逻辑，可以很好地解释风格变化。从残差的标准差可以看出，概率的预测值和实际值的差异一般在10%以内（约68%的概率），表明模型拟合的效果较好。另外，从表6-3还可以看出，因子的系数均为负数，表明这些因子都是反转指标，这与上文提到的相关性一致。

　　在经典风格的基础上，越来越多的机构开始融合更多的风格指标来做决策。重新定义风格、定量计算各风格的相对强弱，有时候在判断强弱之前还会加入聚类分析，利用数学模型，摆脱数据线性的限制，以使最终的风格划分更清晰，显著性更强。天风证券按照风格定义对全市场股票进行分组，并对前后10%的组别建立多空组合，得到与风格配对对应的相对强弱关系（如小盘对大盘、低估值对高估值、反转对动量等）。

从风格的多空收益来看，低估值 vs 高估值、高盈利 vs 低盈利、短期反转 vs 动量能够维持单方面风格长期占优的风格配对，虽然短期内出现过小幅的波动，但长期来看，低估值、高盈利、短期反转的风格表现相对强势。明显可以看到大、小盘风格的多空收益高出其他风格一个数量级，也是风格择时中最重要的风格配对。据此构建各种风格的资金流动强度指标，并模拟整个市场随机分组下的资金流动强度分布，以此来评判每个时点上风格资金流动强度异于市场随机波动的显著性。发现流动强度具有提示风险的作用：低流动强度意味着投资者并未在风格的不同档位间切换，即各风格投资者倾向于保持原有投资风格；高流动强度意味着风格投资者发生了"风格信仰"的动摇，开始在风格之间切换，此时对风格进行择时更有价值。最后，依据流动强度判断择时时机，以资金流向判断择时方向，构建大、小盘轮动策略，实测择时效果良好，进一步用纯多头大、小盘配置策略（因为 A 股不可做空，该策略即出现小盘信号时，仅做多头部 10%；出现大盘信号时，仅做多尾部10%），可以获得超额收益。

上文介绍了部分经典的风格轮动策略，它们因为有广泛的理论基础，加上量化回测证实存在超额收益，受到投资者的热捧。不同的机构会在算法、因子筛选上有自己独到的见解，除了经常见到的从宏观基本面、市场行情数据、动量趋势相对强弱指数等维度寻找有效的因子外，还有机构通过数据挖掘分析财经网站个股新闻，统计各板块成分股每日新闻数量，构建新闻热度指标这样的新思路，在板块内，分别构建新闻热度布林线。通过市场情绪分析、财经文本分析、新闻热点捕捉、主题挖掘等，从中挖掘出有效信息。大数据将为量化投资提供新的研究视野，驱动量化投资深入创新。

四、行业轮动

行业配置立足于宏观与个股之间，尽管收益不如个股，但精准的行业配置也能获得丰厚的超额回报，这几乎成了行业配置的标准思路。按照行业轮动的思路，如果从 2010 年开始，每个季度选中收益前五名的行业等权配置，截至 2018 年一季度，该组合收益高达 3387%，回报远高于单只牛股。（见图 6-3）而每个季度收益后五名的行业，截至 2018 年一季度的组合净值只有 0.073。

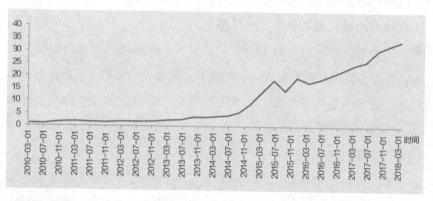

图 6-3　季度收益前五名行业等权累计净值

资料来源：申万宏源研究

根据美林证券的投资时钟，在股票市场可以通过把握不同经济周期下的受益行业来获取超额收益，将行业按周期性特征的差异进行区分，然后轮动配置，就是最简单的应用实例。周期性行业的业绩会随经济周期的变动而变动，呈现明显的周期性和较大的波动性。在市场进入牛市时，周期性行业的业绩也会迅速提升。汽车、钢铁、房地产、有色金属、石油、化工、电力、煤炭、机械、造船、水泥、原料药等是典型的周期性行业，这类行业中大多是提供非生活必需品的公司，在 A 股的占比超过 80%。非周期性行业主要包括商业连锁、消费、医药等生产必需品的公司，在 A 股的占比低于 20%。不论经济走势如何，人们对这些行业的产品需求都不会有太大变动。在熊市，周期性行业的业绩会受到影响，而非周期性行业由于是生活必需品，业绩不会受到很大冲击，成为弱市中的防御品种。

作为一种更细致的风格投资，行业轮动的操作方法与《量化择时》中介绍的方法类似。下文重点关注行业分类、因子选取这两个方面。

先从行业分化度说起，什么是分化度呢？从直观感受来说，股票市场走势不断循环往复，在上涨、下跌的过程中，市场各板块、各证券走势的一致程度会不断出现变化，时而步调一致地上涨或下跌，时而涨跌方向或幅度不一，走势出现分化。分化度就是描述走势一致程度的指标。股市某板块分化度较高时，该板块走势较乱，板块内各行业相关性较低，聚合度较弱；当某板块分化度较低时，板块走势整齐，板块内各行业相关性较高，聚合度较强。分化度可以表征全市场、某一板块或行业，也适用于行业内部的子行业关系评估。

对于行业分类而言，可以简单地选取市场现成的一级行业、二级行业分类，但由于分类的多标准性、行业"上下游"的传导性、个股及行业间的关联性，这样分类的结果显得太简单粗暴，不能满足量化投资的需求。专业的机构多按不同标准重新定义行业，计算分化度，进行再分类，这个过程称为"行业聚合"。分化度的计算方法有很多（如用个股间收益率相关系数的标准差作为分化度；个股收益率对行业收益率进行回归，用"$1-R^2$"均值作为分化度；用行业内股票 β 的标准差作为分化度等），总体的结论方向大致相同。

如第二章所讲，工业类周期性行业是强周期行业中受宏观周期影响最大的一类。接下来以工业类周期性行业中的钢铁、有色金属为例，仅考虑板块内部子行业，介绍根据"上下游"关系进行行业分类的做法。

钢铁行业

钢铁因为产品标准化程度高，产品同质性较强，行业竞争较激烈，CR5（五个企业集中率）低，适合自上而下的分析。螺纹钢、热轧卷板等大成交量品种较好地反映了实际供需，是较好入手、研究方法较多的行业。钢铁行业是宏观经济中重要的中游行业，"上游"原料包括铁矿石、煤炭、有色金属、电力等，"下游"需求中以基建、房地产、汽车为主，是典型的强周期行业，行业指数（申万钢铁指数）与上证综指走势高度相关，受宏观经济影响较大。

钢铁行业的研究重点是预判需求和供给，其中需求是影响钢铁价格、企业盈利、供求关系的核心因素。对需求的分析，应该注意每个子行业对应的"下游"情况并不相同，需要分类讨论：板材对应汽车、家电、造船等，其"下游"受消费驱动较多；长材对应基建、地产等，其"下游"受投资驱动较多；特钢对应制造业，包括机械、汽车、军工、核电等；铁矿石较特殊，算是其他几个子行业的"上游"。因此参考中信行业指数和申万行业指数，结合各个公司的主营业务，将钢铁行业分成板材、长材、特钢和铁矿石四个子行业。

从各个子行业的市值属性来看，板材目前总市值超过5000亿元，市值均值超过300亿元，总市值、市值均值均远高于其他三个子行业，有着明显的大市值属性。长材、特钢和铁矿石三个子行业的市值属性相近，市值均值均在百亿元左右。

从各个子行业的估值情况来看，板材和长材目前整体TTM（最近12个月市盈率）在8倍左右，特钢的TTM在11倍左右，而铁矿石目前市盈率为负值。由此可以看出，作为较成熟的普钢行业，板材和长材有着低估值属性；特钢、铁矿石的估值相对较高，有着高估值属性。

有色金属行业

有色金属行业属于钢铁行业的"上游"。根据申万传统行业划分，有色金属行业有工业金属、黄金、稀有金属、金属非金属新材料 4 个二级行业，有铜、铝、铅锌、黄金、稀土、钨、锂、其他稀有小金属、金属新材料、磁性材料、非金属新材料 11 个三级行业。考虑到这个板块的大部分上市公司是某类金属或某几类金属的矿产公司或冶炼加工公司，当对应的金属现货价格上涨时，会改善上市公司的基本面，进而引起该公司股票价格上涨。因此，把板块内的上市公司与对应的金属划分为不同的子行业，根据子行业与现货价格的对应关系，得到铜、铝、铅锌、黄金、稀土、磁性材料、钨、锂、钴、钼、锆、镁、钛、铂、硅铁、石墨电极、锡 17 个子行业。

因为有色金属矿会有多种伴生金属产出，所以上市公司往往有多种金属产品，当一种金属的收入规模远大于其他金属时相对容易处理；当两种不同金属的收入相近时，以最新年报数据中毛利占比较高的金属为其子行业。以紫金矿业为例，按照申万的行业划分，为黄金子行业上市公司，但是按照 2017 年年报中的数据，金锭（加工金）及矿山产金占总毛利的比例为 26.05%，冶炼产铜及矿山产铜占总毛利的比例为 35.16%，综合考虑各业务营业收入、营业成本，上市公司的矿产储备、股价历史走势与铜板块、黄金板块的相关性，把紫金矿业暂时划入铜子行业。并剔除 *ST 股票、主营业务转换、分散、不易获得价格数据的公司，同时将新加入的公司放入考察池，以便后续操作。

各类工业金属的价格基本同涨同跌（只是幅度略有差异），股价与产品价格并不强相关，需要关注产品走势的连续性和价格上涨的背后逻辑，通过产品价格（非估值）进行投资判断；而小金属缺乏连续的报价平台，需要进一步研究，通过供需把握其价格走势。重新划分后的每个子行业均有对应的现货价格，可以通过财务指标和现货价格来构建子行

业轮动模型。[①]

　　合理的行业分类完成了行业轮动的第一步，因子的选择和处理将决定策略是否可以走得更远。常规思路为从基本面、技术面出发，构建常规单因子库并进行有效性检验，选出有效因子进行组合，验证轮动策略可行性；进一步挖掘有效特色因子，再组合，进一步验证……

家电行业

　　对于一般经济周期而言，消费型周期行业相对滞后，研究主要集中于长期趋势的判断。以大家熟悉的家电行业为例，家电产品的原材料主要包括钢材、铜、铝、塑料等，产品通过销售运营渠道面向消费者。消费需求主要来源于两个方面：一是新增需求，与房地产的驱动作用和家电保有量提升有关；二是更新需求，与消费升级、产品使用年限和产品质量研发改善有关。

　　根据产品的不同特点，重新划分家电行业的子类——黑电、白电、小家电和家用零部件，并挖掘行业特点，结合常规因子与特色因子，构建复合因子行业轮动模型。[②]

①曹春晓.基于盈利因子的行业轮动策略：业绩为王，成长为尊 [EB/OL].（2018-07-25）[2018-12-10].http://vip.stock.finance.sina.com.cn/q/go.php/vReport_Show/kind/lastest/rptid/4283698/index.phtml.
②祝涛.基本面量化系列专题之一：钢铁行业择时及子行业轮动模型研究 [EB/OL].（2018-07-20）[2018-12-10].http://vip.stock.finance.sina.com.cn/q/go.php/vReport_Show/kind/lastest/rptid/4277836/index.phtml.

常规因子

由于基本面因子具有滞后性，且个股表现除了受到公司价值影响以外，还受到市场投资情绪的影响，因此引入技术面因子，通过股市价量指标来反映市场的投资情绪，并用技术面因子弥补财报数据更新滞后的缺陷。选取的因子包括动量、流动性、波动、价值、成长、盈利、营运7大类，共计66个小因子（样本期从2006年1月至2018年6月，按月度提取，对非月度数据的频率进行调整），以可以区分未来获得高收益和低收益的子行业，并通过行业配置可以获得超额收益为判断因子有效性的标准。经过因子单独测试，最终筛选了过去5日价格动量、5日平均换手率、20日损失方差、市盈率倒数、净资产收益率、产权比率6个有效因子。进行最优子行业配置，综合表现优异，证明利用有效因子的组合进行家电子行业的轮动具有一定的可行性。

表 6-4　家电板块子行业单因子库

因子类别	因子名称	因子计算方法
动量	过去5日价格动量	最新收盘价÷5个交易日前收盘价
	过去5日价格动量－过去1个月价格动量	最新收盘价÷5个交易日前收盘价－最新收盘价÷1个月前收盘价
	过去1个月收益率最大值	max（1个月日收益率）
	当前股价÷过去1个月股价均值－1	当前股价÷过去1个月股价均值－1
	1－过去1个月收益率排名÷股票总数	1－过去1个月收益率排名÷A股市场股票总数
流动性	5日平均换手率	最近5个交易日的交易量÷流通股数
	20日平均换手率	最近20个交易日的交易量÷流通股数
	20日平均换手率变动	20日平均换手率÷120日平均换手率
	换手率相对波动率	20日换手率相对波动率
	20日成交金额的移动平均值	20日成交金额的移动平均值
	20日成交金额的标准差	20日成交金额的标准差
	6日量变动速率指标	当日成交量÷6天前成交量
	过去1个月交易量÷过去3个月的平均交易量	过去1个月交易量÷过去3个月平均交易量
	交易量波动率	过去6个月日交易量变动的标准差
	交易额惯性	最近1个月日均成交额÷过去3个月日均成交额
	成交量比率	26日内股价上升日成交额总和÷26日内股价下降日成交额总和
	对数市值	总市值取对数

因子类别	因子名称	因子计算方法
波动	20 日收益方差	日收益率的年化方差
	20 日正收益方差	20 日内收益率为正的方差
	20 日损失方差	20 日内收益率为负的方差
	个股 20 日 β 值	个股日收益率 Xi, 沪深 300 日收益率 Yi, $\beta = \{20\sum(Xi\times Yi) - [\sum(Xi)\times\sum(Yi)]\} \div \{20\sum(Xi^2) - [\sum(Xi)]^2\}$
	个股收益的 20 日峰度	个股日收益率 Xi, s 为 Xi 的标准差, 峰度 $= \sum[Xi - AVERAGE(Xi)]^4 \div (20-1) \div s^4$
	20 日特诺雷比率	(年化后平均收益率 − 无风险利率) ÷ β
	个股与市场波动率比值	个股收益率年化波动率 ÷ 沪深 300 收益率年化波动率
价值	市盈率倒数	1 ÷ PE (TTM)
	超额市盈率	PE ÷ 过去 1 个月 PE 均值
	市销率倒数	销售收入 TTM ÷ (最近交易日收盘价 × 最新普通股总股数)
	总市值 ÷ EBITDA	总市值 ÷ 税息折旧及摊销前利润
	营收市值比	营业收入 TTM ÷ 总市值
成长	营业收入增长率	(本期营业收入 TTM − 上年同期营业收入 TTM) ÷ ABS (上年同期营业收入 TTM)
	利润总额增长率	(本期利润总额 TTM − 上年同期利润总额 TTM) ÷ ABS (上年同期利润总额 TTM)
	营业利润增长率	(本期营业利润 TTM − 上年同期营业利润 TTM) ÷ ABS (上年同期营业利润 TTM)
	净利润增长率	(本期净利润 TTM − 上年同期净利润 TTM) ÷ ABS (上年同期净利润 TTM)
	归母净利润增长率	(本期归母净利润 TTM − 上年同期归母净利润 TTM) ÷ ABS (上年同期归母净利润 TTM)
	经营活动产生现金流量净值增长率	(本期经营活动现金流量净额 TTM − 上年同期经营活动现金流量净额 TTM) ÷ ABS (上年同期经营活动现金流量净额 TTM)
	毛利率增长率	(本期销售毛利率 TTM − 上年同期销售毛利率 TTM) ÷ ABS (上年同期销售毛利率 TTM)
	总资产增长率	(本期资产 MRQ − 上年同期资产 MRQ) ÷ ABS (上年同期资产 MRQ)
	净资产增长率	(本期归属母公司股东的权益 MRQ − 上年同期归属母公司股东的权益 MRQ) ÷ ABS (上年同期归属母公司股东的权益 MRQ)
盈利	平均净资产收益率	归属母公司股东净利润 ÷ [(期初归属母公司股东权益 + 期末归属母公司股东权益) ÷ 2]
	净利润 ÷ 营业总收入	净利润 TTM ÷ 营业总收入 TTM
	总资产报酬率	息税前利润 TTM ÷ 总资产 MRQ
	净资产收益率	归属于母公司的净利润 TTM ÷ 归属于母公司股东权益 MRQ
	资产回报率	净利润 TTM ÷ [(本期资产总计 MRQ + 上年同期资产总计 MRQ) ÷ 2]

续表

因子类别	因子名称	因子计算方法
盈利	投入资本回报率	归属母公司股东净利润 TTM÷全部投入资本 MRQ
	成本费用利润率	利润总额 TTM÷（营业成本+销售费用 TTM+管理费用 TTM+财务费用 TTM）
	营业利润÷营业总收入	营业利润 TTM÷营业总收入 TTM
	息税前利润÷营业总收入	EBIT（TTM）÷营业总收入 TTM
	销售费用÷营业总收入	销售费用 TTM÷营业总收入 TTM
	营业总成本÷营业总收入	营业总成本 TTM÷营业总收入 TTM
	归母净利润÷营业收入	归属于母公司股东净利润 TTM÷营业收入 TTM
	销售净利率	净利润 TTM÷营业收入 TTM
	销售毛利率	毛利 TTM÷营业收入 TTM
	销售期间费用率	期间费用 TTM÷营业收入 TTM
	销售成本率	营业成本 TTM÷营业收入 TTM
	经营活动净收益÷利润总额	经营活动净收益 TTM÷利润总额 TTM
	营业利润÷利润总额	营业利润 TTM÷利润总额 TTM
	收益市值比	净利润 TTM÷总市值
	经营活动产生的现金流量净额÷营业收入	经营活动产生的现金流量净额 TTM÷营业收入 TTM
	经营活动产生的现金流量净额÷经营活动净收益	经营活动产生的现金流量净额 TTM÷经营活动净收益 TTM
	经营活动产生的现金流量净额÷营业利润	经营活动产生的现金流量净额 TTM÷营业利润 TTM
营运	流动比率	流动资产÷流动负债
	速动比率	（流动资产－存货）÷流动负债
	产权比率	负债÷归属母公司股东的权益
	总资产周转率	营业总收入 TTM÷[（期末资产 MRQ+期初资产 MRQ）÷2]
	存货周转率	营业成本 TTM÷[（期末存货+期初存货）÷2]
	净资产周转率	营业总收入 TTM÷[（本期股东权益+上年同期股东权益）÷2]

资料来源：渤海证券

特殊因子

通过前文的基本面研究，可以知道处于产业周期成熟阶段的行业，属于强者恒强的市场，进入壁垒较高，成长性强的公司并不具有明显的竞争优势。目前的家电行业就有此特点：市场集中度呈上升趋势，白电市场集中度最高，龙头企业通过产业链一体化获取规模经济效应，形成

行业壁垒，进入障碍较高；小家电市场集中度最低，产品同质化严重，市场竞争激烈，溢价能力弱，易受到原材料价格上涨的冲击。

因此，测试结果显示成长类因子全部无效。转化思路，用 CR3 衡量每期行业排名前三的上市公司对整个行业毛利的贡献度，挖掘行业集中度因子。结果，在原有的子行业轮动模型的基础上引入 CR3 特色因子后，能够获取更高的超额收益，且波动率也有所降低，胜率提升。

本节讨论了行业配置的重要性，介绍了不同周期特征的行业在具体配置中的应用；明确了不同行业之间、行业内部的子行业之间存在传导性、相关性的联系，需要根据自己的需求对行业分类进行重新定义，选取有效的因子，才有可能找到新规律，实现超额收益。行业轮动的规律是某个特定历史时期的规律，具体应用时必须考虑其阶段性的条件是否发生了改变（即复合的周期是否发生切换），择时与轮动缺一不可。

五、小结

作为量化择时的衍生物，风格轮动、行业轮动都是通过测试历史或预期的某种因子，并构造复合因子，考查完全基于该因子的轮动策略是否具有指导意义。与单纯的择时策略不同的是，多资产的投资还需考虑资产的选择、持仓配比，因此还要探索资产与大背景的互动关系。本章部分内容源自近两年研究机构的实际应用，很多方法和思路值得量化投资爱好者好好体会。

第 **7** 章

量化选股

一、量化选股综述

　　本章是本书的重点之一。对量化投资而言，择时、选择风格、资产配置都是非常难的，量化选股是相对容易的一个环节。择时的胜率其实是比较低的，好的择时能做到 60% 就已经非常不错了。但量化选股的目标是追逐阿尔法，在一个较长的时间段里，例如 1 年，取得阿尔法的难度要小很多。投资者可以查阅国内指数增强型基金，大部分都能战胜基准，而且从 2012 年开始，几乎每年都如此。对于投资，非常重要的是广度和准确率之间的关系。

$$IR=IC \times \sqrt{breadth}$$

　　IR 是衡量投资组合的重要指标，即超额收益 / 投资组合偏离基准收益的标准差，主要用来衡量超额风险所带来的超额收益。*breadth* 代表独立的投资个数。这个公式说明了风险调整后的投资收益等于预测的准确性（IC）乘以投资广度的平方根。量化投资的优势在于投资广度，一个好的选股因子，IC 能达到 5% 以上就不错了，但因为可以应用在上百的投资上，所以可以得到不错的 IR。反观做基本面投资的，对 IC 的要求就高得多，因为广度上达不到很高，所以力求能够一局定胜负。

　　纵向来看，量化选股是整个量化投资体系里先发展起来的一个环节。早在 20 世纪 80 年代计算机开始普及的时候，华尔街的研究人员就尝试着用简单的计算机程序来选择债券和股票，也是巴尔·罗森伯格（Barr Rosenberg）开始创建现代量化选股旗舰软件 BARRA 的时候。到了 20 世纪 90 年代，采用量化选股的各类量化股票基金开始大行其道，在公募基金中的占比从 0 开始，一路狂飙到 20%，诞生了像 Dimensional Fund Advisors, State Street Global Advisors, Barclays Global Investors 等超级大基金。同时，风格也从单纯的股票量化多头演变成股票多空、市场中性、指数增强、套利等多种形式。

2007 年，随着金融危机的爆发，一些宣称"市场中性"的量化基金也遭受了较大回撤，被称为"Quant Meltdown"（量化崩盘）。股票市场中性策略的主要风险来自其模型，根据历史数据建立的模型通常很难长期有效，可能阶段性地失效，甚至不再有效，投资经理需要不断修正模型。同时，依赖数学模型的投资策略可能会因为策略趋同而出现意想不到的损失。2007 年 8 月上旬，许多历史上非常成功的量化对冲基金突然出现大幅亏损，净值波动幅度远远超过历史平均水平。例如之前以业绩优异著称的文艺复兴科技公司就向投资者报告，旗下一只主要基金8 月初损失达 8.7%。重要原因就是当时主流量化模型类似，股票市场仍处于牛市，各家对冲基金基于类似研究成果建立的量化模型都给出了趋同的操作建议，短期内各家对冲基金获利颇丰。但许多对冲基金使用的是相同的第三方风险评估模型，根据模型评估结果，对冲基金又开始实施类似的风险调整。短期内大量类似的交易需求对市场造成了冲击，放大了对冲基金的损失。Quant Meltdown 很快就平息了，但给投资者留下了不太好的印象，可谓"一丑遮百美"。

2007 年之后，量化基金管理人开始思考其在金融危机中的表现，同时大分化出现：公募类型进行中低频率调仓（月度或双月度）的传统量化选股基金规模开始走平，没有太大的发展；而私募类量化基金开始突出其策略或者产品结构的独特性，像文艺复兴、桥水、二西格玛（Two Sigma）、城堡（Citadel）开始走强，策略逐步走向高频交易、套利等。但在公募领域里，指数基金和类指数的策略指数基金异军突起。金融危机之后，以贝莱德（BlackRock）、先锋（Vanguard）集团为代表的被动投资市场份额不断上升，直接挤压了传统主动基金和主动量化基金的市场份额，成为当前发达国家资产管理领域里最大的变革之一。

我国的量化投资起步较晚，基本上可以分为三个阶段。

第一个阶段是 2010 年之前的初期探索阶段，彼时股指期货还没有上市交易，量化策略类型相对较少，公募基金产品以指数型基金为主。2004 年，华夏上证 50ETF 上市交易，成为国内第一只 ETF（交易型开放式指数基金）。之后的几年里，公募量化基金主要是指数和类指数产品。私募产品主要以信托方式存在，包括 ETF 套利基金和封转开套利等。在 2010 年之前，国内的证券公司是量化研究的主力，在产品设计、投资策略和衍生品上做了大量研究，为之后量化投资的迅速普及奠定了基础。

第二个阶段是 2010—2015 年指数增强和量化对冲类策略大发展。2008 年，在美国次贷危机的影响下，海外量化基金人才大量回国，为市场提供了大量专业化人才。2010 年 4 月，我国第一个股指期货沪深 300 期货开始在中金所交易，标志着对冲时代的正式来临。从 2011 年开始，量化基金快速发展。公募基金的专户产品里开始出现量化对冲专户的身影，同时越来越多的基金公司开始发行量化纯多头（主动）基金。2016 年是量化基金全面收获的一年，在当年股票型基金收益排行榜里，有两个是量化基金；同时在量化基金里，出现规模过百亿的巨量基金。2012—2015 年，是量化对冲类产品的大发展阶段，包括市场中性类和期现套利类策略。这一阶段的对冲类产品有两个阶段性的有利条件，一是期指的正基差，二是持续的小盘股风格，使产品收益非常突出，也获得了大量资金，尤其是稳健风险偏好资金的追捧。

第三个阶段是从 2016 年至今，期指限手制约量化对冲，量化策略类型逐渐丰富。2015 年股灾之后，监管层对股指期货投资的监管力度加强，但金融衍生品的发展并没有因此停止，场内期权产品在 2016 年之后发展壮大，做到了目前名义成交量过百亿的规模。因此，管理人在其他方向上的拓展，进一步丰富了量化产品，比如 CTA、期权策略、量化多策略、FOF（投资于其他证券投资基金的基金）等。此外，商品期权、原油期货等衍生品种陆续上线。在这个阶段，传统量化基金也开始

转型。之前非常有效的一些选股因子，在 2017 年严重失效，使量化基金管理人开始思考之前构建研究模型的逻辑，公募量化基金的体系开始自我变革。同时，随着保险等大型机构投资者越来越青睐指数型产品，指数增强型基金在 2017 年之后进入规模增长期，2017—2018 年增长了50%。

本书所提到的量化投资，除特别指出以外，都是以中低频率调仓为基础的，因为笔者身处公募基金公司，而公募基金对交易频率的要求是不能太高，也不能造成太高的交易成本。下文入门篇介绍一些简单的方法进行股票筛选，提升篇介绍 BARRA 的选股体系，最后介绍利用数据挖掘和基本面投资相结合等来选股的研究方法——最近几年兴起的新研究方法之一。

二、量化选股入门篇

初期的量化选股其实是很直观的，最简单的为单因子选股，例如投资者用 PE 因子选股，步骤是：

（1）选择使用哪一个指标（因子）。在下面的例子中使用静态 PE 来选择股票，PE 越低，则打分越高。PE 在一定条件下可能是负数（也就是公司发生了亏损），为了单调性，我们使用 PE 的倒数 EP，EP 越高，则该项得分越高，这样即使 PE 为负数，也是有经济意义的。

（2）选择要进行回测的时间和每次回测间隔的时间。如果是中低频的选股，一般来说设置为 1 个月，在月初或者月中进行调仓。下面的例子选用月度选股，假设在每个月最后一个交易日以当日收盘价来调仓。

（3）选择在哪一个股票池里选股。这个股票池可以是上市的所有 A 股，也可以是某个指数，例如沪深 300 或者中证 500 成分股，也可以是大家自定义的某一个选股池，一般称为"Universe"。如果是指数，值得注意的是，这个指数的成分股是随着时间变化的，例如沪深 300 每过半年就会重新调整成分股。在这种情况下，如果要在沪深 300 内选股，时间跨度是 2010 年年初至 2017 年年末，每月选股；使用 2012 年年初的沪深 300 成分股就不是准确的，因为没有考虑指数成分股调整的因素。在下面的例子中，以沪深 300 为选股的股票池。

（4）每只股票给予的权重。下面的例子使用的是平均权重法，因为选用了沪深 300，所以最终结果是 30 只股票形成的股票池，每只股票的权重就是 3.33%。

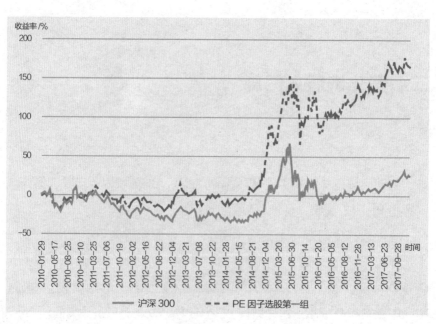

图 7-1　简单的 PE 因子选股结果

资料来源：天软科技

（5）在每个时间节点，利用成分股每个因子值的大小进行排序。选择排名靠前（或者靠后）的 10% 的股票，取其下个月的收益平均值作为当月回测结果。然后滚动起来，回测时间段内每个月进行这样的测算。最后把每个月的收益进行滚乘，得到回测区间的总收益。

以上步骤完成后，测试结果如图 7-1 所示，直观感受是选股效果还可以，但波动比较大，而且在 2010 年选股效果不是很明显。

2012 年 12 月 31 日的选股结果如表 7-1 所示，权重都是 3.33%，所选的股票集中于银行、建筑、房地产等周期性行业。

表 7-1　简单的 PE 因子选股结果

601818	光大银行	601009	南京银行	601288	农业银行
600000	浦发银行	601169	北京银行	601328	交通银行
601998	中信银行	002142	宁波银行	600036	招商银行
600015	华夏银行	000157	中联重科	600019	宝钢股份
601988	中国银行	601668	中国建筑	601669	中国电建
601939	建设银行	600153	建发股份	600104	上汽集团
601398	工商银行	601390	中国中铁	600741	华域汽车
600016	民生银行	601006	大秦铁路	000425	徐工机械
000001	平安银行	600383	金地集团	600970	中材国际
601166	兴业银行	601186	中国铁建	600376	首开股份

资料来源：天软科技

上述步骤往往是量化投资入门者最直接的想法，但其实细细一想，问题还是很多的：首先，怎么确定这种选股结果是好的呢？其次，选出来的股票偏重于某些板块或者风格，因为每只股票的权重是一样的，也就是"等权"，这和真实指数的权重分配差异是比较大的。除了道琼斯指数以外，大部分指数的编制实际上是流通市值加权或者总市值加权的。再次，在真实的交易过程中，是有交易费用的，但这样的回测，显然没有考虑交易费用。最后，在每月最后一个交易日以收盘价成交也不是严格的假设，下一个交易日（也就是下个月第一个交易日）的开盘价和上一个交易日的收盘价实际上还是有差异的，这个差异可能会达到0.1% ~ 0.5%，长期累积下来也是一个不小的数目。

此外，在 A 股市场里经常出现停牌，也有可能股票开盘就涨停或者跌停，上述回测过程是否考虑了这几点呢？

如果假设每只股票的换仓成本为 0.3%（包括买和卖，分别是 0.15%），并且强制使选股出来的组合在每个行业的权重和指数的分布是一致的。

怎么使选股的组合和指数保持一致呢？这其实是一个比较复杂的问题。可以用一种比较直观的方法处理，就是在每一个行业里打分，取前三名平均分配其在指数里的权重。例如在钢铁行业里，假设用 EP 选出来甲、乙、丙三只股票，而钢铁行业的当期权重是 4%，那么每只股票就分配 1.33% 的权重。

在沪深 300 里并不是每一个行业都有 3 只以上的股票，因此进一步假设某个行业中的股票数小于分组数，就不对这个行业进行分组，而是让每个组中都包含这个行业的股票；如果行业中样本个数大于分组数，

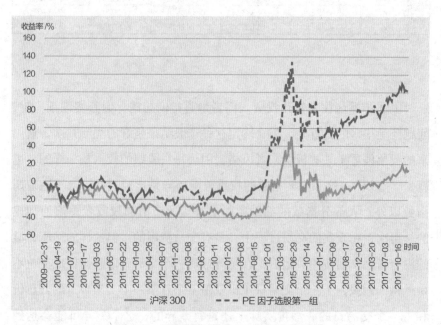

图 7-2 添加限制后的 PE 因子选股结果

资料来源：天软科技

就正常地对这个行业中的股票分组。假设沪深 300 在某行业只有 2 只股票，该行业权重为 1%，那么每只股票的权重为 0.5%。

其他限制条件不变，这样最后的选股结果如图 7-2 所示，和之前的回测结果有了较大差别，直观感觉就是收益降低了，一方面是因为做了一些行业中性的处理，另一方面是因为考虑了交易手续费，影响了收益。

以上就是因子模型的一个简单练习，非常直观，但大家深入思考，或者亲手做一遍（即使不会编程，也可以做 3 个月的简单回测），就会发现问题越来越多。这其实会驱动我们不断地修补模型，把不合理的假设放弃，或者修正到更贴近真实情况。

这时，更重要的一个环节是把单因子模型升级为多因子模型。

多因子模型是比单因子模型更加有力的一个选股手段。可以直观地想一下：用 PE（或者 EP）选股的本质意义是选择低市盈率的股票，可是有时会希望选择低市盈率、近期跌得多的股票，或者低市盈率、跌得多、有很好的毛利率的股票，或者低市盈率、跌得多、有很好的毛利率和 ROE 的股票……把选股的逻辑要素越拓越广，就形成了多因子模型。

多因子模型也有几种处理方法，最严谨的方式是类似于 BARRA 的选股方法：

方法 1：在因子数不多的情况下，先用第一个因子，筛选出一个股票池；再用第二个因子，再次筛选；然后用第三个因子……这种方法适用于因子数不多，而且原始股票池足够大的情况。

方法 2：利用因子打分的方法，先对股票的每个因子进行打分，再把多个因子的分数加起来，最终得分就是股票的多因子分数。例如某股票的 EP 因子分数为 0.5（范围为 0 ~ 1），动量因子分数为 0.7，两个因子的权重分别为 50%、50%（因子权重总和必须为 1），那么最终因子得分为：$0.5 \times 50\% + 0.7 \times 50\% = 0.6$。

如何选择多因子是关键，问题在于选择什么样的因子，赋予多少

权重。在这种选股模型下，并不是选股因子越多越好，尤其是同一个大类下的因子，太多容易产生很强的相关性。例如 PE 和 PB，通常情况下 PE 低的，也是 PB 低的，所以同时给 PE 和 PB 因子权重，就类似于把这两个因子的权重加起来。表 7-2 列出了一些比较常用的因子，供大家参考。

表 7-2　常见的多因子

大类因子	因子名称	因子方向	具体描述
盈利性	净资产收益率（%）ROE	1	净利润 ÷ 平均净资产
盈利性	总资产报酬率（%）ROA	1	利润总额 ÷ 平均总资产
盈利性	销售毛利率（%）	1	（营业收入 − 营业成本）÷ 营业收入
盈利性	销售净利率（%）	1	净利润 ÷ 营业收入
成长性	营业收入增长率（%）	0	
成长性	营业利润增长率（%）	0	
成长性	利润总额增长率（%）	0	
成长性	归属于母公司净利润增长率（%）	0	
成长性	单季度收入同比增长率（%）	1	
成长性	单季度收入环比增长率（%）	1	
成长性	单季度主营利润同比增长率（%）	1	
成长性	单季度主营利润环比增长率（%）	1	
成长性	单季度净利润同比增长率（%）	1	
成长性	单季度净利润环比增长率（%）	1	
成长性	单季度经营现金流同比增长率（%）	1	
成长性	单季度经营现金流环比增长率（%）	1	
运营类	存货周转率	1	营业成本 ÷ 平均存货
运营类	应收账款周转率	1	营业成本 ÷ 平均应收账款
运营类	总资产周转率	0	营业成本 ÷ 平均总资产
财务杠杆类	商誉 ÷ 总资产	0	
财务杠杆类	商誉 ÷ 净资产	0	
财务杠杆类	现金比率	1	现金类资产 ÷ 流动负债
财务杠杆类	流动比率	1	流动资产 ÷ 流动负债
财务杠杆类	速动比率	1	（流动资产 − 存货）÷ 流动负债
财务杠杆类	资产负债率（%）	1	总负债 ÷ 总资产
规模类	总市值	0	
规模类	流通市值	0	
规模类	总股本	0	
规模类	流通股本	0	
规模类	总资产	0	
估值类	EP（TTM）	1	归属净利润 ÷ 总市值
估值类	EPR（TTM）	1	（归属净利润 + 研发费用）÷ 总市值

续表

大类因子	因子名称	因子方向	具体描述
估值类	BP（TTM）	1	归属最近四个季度净资产的平均值÷总市值
估值类	BRP（Latest）	1	最近一个季度净资产÷总市值
估值类	SP（TTM）	1	营业收入÷总市值
估值类	CFP（TTM）	1	经营现金净额÷总市值
估值类	股息收益率	1	TTM（每股股利×报告期总股本）÷（计算股利率日总市值）×100%
估值类	CFO÷EBIT（TTM）	1	经营性现金流÷息税前利润
估值类	CFF÷EBIT（TTM）	1	自由净现金流÷息税前利润
估值类	EV÷EBITDA（TTM）	1	（股票总市值＋债券总市值－现金）÷折旧息税前净利润
估值类	EP（TTM）Historical Percentile	1	当前EP在过去X个交易日的百分比位置
估值类	BP（TTM）Historical Percentile	1	当前BP在过去X个交易日的百分比位置
估值类	SP（TTM）Historical Percentile	1	当前SP在过去X个交易日的百分比位置
估值类	CFO（TTM）Historical Percentile	1	当前CFO在过去X个交易日的百分比位置
估值类	to sector EP Historical Percentile	1	当前EP在整个板块中的百分比位置
估值类	to sector BP Historical Percentile	1	当前BP在整个板块中的百分比位置
估值类	to sector SP Historical Percentile	1	当前SP在整个板块中的百分比位置
估值类	to sector CFO Historical Percentile	1	当前CFO在整个板块中的百分比位置
估值类	盈利预测EP	1	券商一致预期的净利润÷总市值
动量类	最近1个月涨幅（%）	0	
动量类	最近3个月涨幅（%）	0	
动量类	最近6个月涨幅（%）	0	
动量类	最近9个月涨幅（%）	0	
动量类	最近12个月涨幅（%）	0	
情绪类	最近1个月日均换手率	0	
情绪类	最近3个月日均换手率	0	
情绪类	最近6个月日均换手率	1	
情绪类	最近1个月日均成交额	0	
情绪类	最近3个月日均成交额	0	
情绪类	最近6个月日均成交额	0	
情绪类	特质波动率	0	通过Fama-French三因子回归的不能解释的波动率部分

大类因子	因子名称	因子方向	具体描述
其他	股东人数变化（%）	0	（本期股东户数－上期股东户数）÷上期股东户数×100%
其他	杠杆比例	0	当前通过融资买入和融券卖出仓位的比例

资料来源：天软科技
注：因子方向栏为1，表示该因子数值越大越好；因子方向栏为0，表示该因子数值越小越好

　　大家如果要构建因子，可以先从简单的入手，例如市值、市盈率等。也可以继续加工，从而产生复杂一点的复合因子，例如市盈率在板块中的百分比位置。当然，在这种因子模型下，因子数目不宜过多，也不宜为了追求结果而改造出一些超级复杂的复合因子。经济学和金融学意义是构造因子的基础，失去了意义，那么再美妙的数学结果也无用。

　　根据前文所述，相信大家可以通过编程来构造一个简单的多因子模型，接下来就涉及如何评价多因子模型效果的问题。假设某多因子模型的结果如图7-3所示。

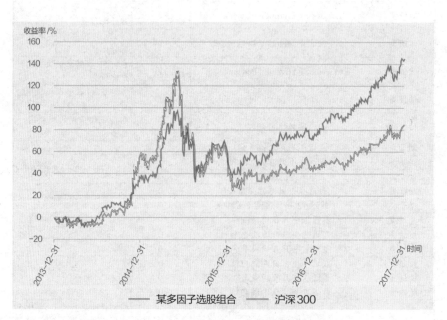

图7-3　某多因子模型的回测结果

资料来源：Wind

上述结果只体现了直观意义上因子得分最高的一组超越对标指数的收益。如果选股池和对标的指数一致（即指数样本内选股），那么说明这个因子的选股效果是比较好的。但仔细一想，我们在选股过程中是把股票按照打分来分为10组，潜在的假设是分数越高的，收益越好（或者正好相反，分数越低的，收益越好），说明用这种因子选股具备较好的单调性。但如果结果不是这样的，例如第5组的收益最高，或者第6组的收益最低，就要怀疑这种选股因子的有效性了。此外，有些选股因子的超额收益波动性是比较大的，怎么确定这种选股效果确实是有效的？对于多因子模型来说，每个因子具体的贡献是多少？可用以下几个检验来评价多因子模型：

（1）因子收益率检验：检验每组是否可以取得正的收益率？收益波动率如何？取得正的收益率概率有多大？分组之后，各组在各个时间区间的表现如何？组与组之间在同一个时间区间的区分度如何？

具体的检验方法是统计回测近一年、近三年、近五年或更久的时间段里，各组收益率均值、标准差、胜率等指标，其中胜率指该组战胜基准收益率的概率。

（2）因子显著性检验：每组是否可以取得正的超额收益率？取得正的超额收益率概率多大？

这是为了研究各组超越基准的情况，希望第一组明显超越基准，最后一组明显被基准超越。评价的具体指标有：

超额均值——各组收益率相对基准的超额收益率的均值，均值越大，说明该组超越基准越明显。

跟踪误差——超额收益率的标准差，衡量各组偏离基准的程度，越小越好。

信息比率——风险收益率指标，超额收益率均值÷超额收益率标准差，结果越大，说明超越基准越明显。

T-Stat——T统计量，该值越大，说明超越基准越多。

P-Value——显著性概率，T-Stat 对应的 T 累积分布函数的值，结果越大，说明该组超越基准越多。

超额概率——超基准收益率大于 0 的概率。

（3）因子区分度检验：第一组收益率是否显著大于最后一组？能否根据因子把表现好的股票和表现差的股票区分开来？

分组之后，我们总是希望第一组显著超越基准（说明分组可以选出好的股票），最后一组被基准超越（说明分组可以剔除差的股票），因此通常会考查第一组相对于最后一组的超额收益率，一般用月度收益率来衡量。具体的评价指标有：

平均收益——第一组相对于最后一组超额收益率的平均收益，越大越好，说明第一组的收益率显著大于最后一组。

标准差——第一组相对于最后一组超额收益率的标准差。第一组相对于最后一组超额收益率的波动越小越好。

胜率——第一组战胜最后一组的概率，越大越好，表示第一组的收益率显著大于最后一组。

夏普比率——超额收益的平均值÷超额收益的标准差，结果越大越好。

T-Stat——检验对象对应的 T 统计量，结果越大越好。

P-Value——T-Stat 对应的 T 累积分布函数的值，是第一组超越最后一组的显著性概率，越大越好。

（4）因子延续性检验：由因子得到的分组能否在较长的一段时间保持比较好的方向性，即本期表现好的因子，下期是否也能取得好的收益率？

事实上，很难找到某个因子一直保持某个方向。例如"定向增发"可能在牛市时是一个利好消息，在熊市时却是一个利空消息。（因为按常理，人的心理变了，对同一事件的反应不同，最后反映到对股票的购买欲上）既然不能找出方向一直保持不变的因子，就只能希望找出延续

性很好的因子，即在比较长的时间里保持方向不变的因子。因子延续性
检验就是用来解决这个问题的。延续性检验里的重要考查指标是 IC：

$$IC = \frac{E\{[X-E(X)][Y-E(Y)]\}}{\sqrt{\frac{1}{n}\sum_{i=1}^{n}[X_i-E(X)]^2}\sqrt{\frac{1}{n}\sum_{i=1}^{n}[Y_i-E(Y)]^2}}$$

这个公式的含义是，t 期末各股票的综合因子分数为序列 X，t 期到
$t+1$ 期各股票的涨幅序列为序列 Y，然后计算序列 X 和序列 Y 的相关系
数。$E(X)$ 为序列 X 的平均值。

通过各期的 IC 值可以大致看出因子的延续性，在哪一段是正向的，
哪一段是反向的。如图 7-4 所示，柱状代表对应日期的相关系数，曲线
是 IC 均线。如果 IC 均线始终在横轴上方（或者下方），说明延续性很
好。如果 IC 均线总是在横轴上下波动，说明因子的延续性很差。比如
图 7-4 显示从 2011 年 8 月到 2012 年 8 月，所示因子都表现出比较好的
反向延续性。

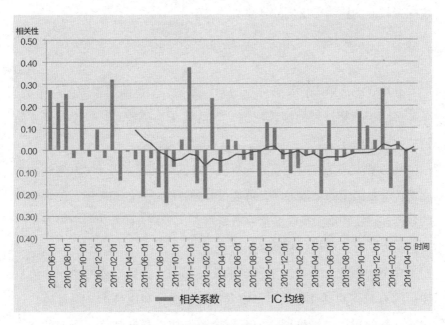

图 7-4　某选股因子的 IC 时间序列

（5）因子贡献度检验：因子反映的信息是否有重叠？各个因子的分数对下期收益的贡献到底有多大？

这个检验是检验各个因子的分数对下期收益的贡献度，以此作为之后调整因子比例的依据。检验方法一般有两种：

第一种方法是做最小二乘参数估计（带常数项），即自变量通过某种线性变换去拟合因变量，寻找各个自变量与因变量的关系。更具体的展现形式是用每期的数据分别去做最小二乘参数估计，或者用所有期的数据去做最小二乘。

得到各个因子对应的回归系数、常数项，以及基于此计算的推荐的配置比例。其中，如果回归系数是负的，那么说明该系数对应的因子对下期收益的贡献是负的，在配置因子时应该把该因子的方向设置为跟原来相反；如果回归系数是正的，说明该系数对应的因子对下期收益的贡献是正的。回归系数的值越大，说明对应的因子对股票的区分度越好，下期收益高和下期收益低的股票被区分得很明显。对收益高的股票，建议配置较高的比例，比例的计算方法如下：

$$\omega_i = \frac{a_i}{\sum_{j=1}^{N}|a_j|}$$

其中，a_i 是第 i 个因子对应的回归系数，N 是回归系数的总个数，ω_i 是多因子框架计算的推荐比例。当结果 ω_i 为负数时，建议因子方向调成跟原来的相反。

第二种方法是使用主成分分析法。在实际处理多因子时常遇到两个问题：一是因子的个数太多，可能彼此间存在一定的相关性，使观测到的数据在一定程度上反映的信息有所重叠；二是人们希望知道没有重叠的这些因子对下期收益的贡献如何。

在考虑因变量 Y 与 p 个自变量 X_1，$X_2 \cdots X_p$ 的回归模型中，如果自变量间有较强的线性相关（多重共线性）时，利用最小二乘参数估计法，一般效果较差。采用主成分回归法，首先是计算这些因子的前 m

个主成分，达到降维的效果，这样既简化了回归方程的结构，又消除了变量间相关性带来的影响。但只有主成分分析的话，因为主成分是原始变量的线性组合，造成了解释上的困难，可以使用逆变换将其变成原始变量的回归方程。检验的指标主要是各因子对应的主成分回归系数、主成分回归常数项，以及基于此计算的推荐的比例配置。

关于具体的主成分分析的数学推导，请大家参考相关数学书籍。

至此，大家应该有种从浅入深，慢慢从直观上的因子概念过渡到偏数学的、系统的多因子模型中的感觉。细细想来，现有模型还有很多不科学、不系统的方面，需要不断修正。如果想更进一步，可能就要从一个新的起点出发了，这就是下文介绍 BARRA 模型体系的原因。但仅仅是 BARRA 模型的机理，就可以写成一本书了，所以下文不会面面俱到、写得非常深入。不可避免的是，其中涉及较多数学和金融学的理论和模型，对数学基础不强的人来说可能会有点难，可以跳过这一节，不影响对整本书的理解和把握。

三、量化选股提升篇

BARRA 模型是由量化投资大师级人物巴尔·罗森伯格开发的，1978 年，他被著名的《机构投资者》杂志称为"现代投资组合理论"的一代宗师。

作为一位教授，罗森伯格在伯克利大学任教，教授金融学、经济学和计量经济学，名利双收。1969 年，他和妻子打算将一艘旧船改成自己的住所，却发现还需要一大笔钱。从此，他开始了投资之旅。

1974 年，罗森伯格成立了个人公司巴尔·罗森伯格联合公司

（BARRA）。1985年，罗森伯格卖掉了他在BARRA的股份。2004年，BARRA公司被摩根士丹利公司旗下的MSCI（Morgan Stanley Capital International）收购。

1985年，罗森伯格和三位合作伙伴创立了罗森伯格机构股权管理公司（RIEM）。该公司后来被AXA Company收购，称为AXA Rosenberg，位于旧金山以东的奥林达（Orinda），用量化模型来管理各种多样化的股票投资组合。20世纪90年代，AXA Rosenberg的资产管理规模突破100亿美元。

金融危机爆发后，罗森伯格被人举报他的模型存在一个问题，在经历内斗和罚款后，最后被SEC（美国证券交易委员会）终身禁止从事投资业务。

虽然罗森伯格已经从投资界淡出了，但他当年所发展的量化模型，今天仍被很多大型量化基金管理人奉为金科玉律。

BARRA模型的实质是认为股票的收益率是可以分解的，即分解成一个多因子表达式。关于早期的多因子模型，有兴趣的人可以参考Fama-French三因子模型，其核心是：

$$r = Xf + \mu$$

其中，r为股票收益率向量，X为n只股票在k个因子上的因子载荷矩阵（$n \times k$），f是k个因子的因子收益向量（或者叫因子值），μ为残差向量或股票自己的特质收益率向量。

BARRA模型的表达式如下：

$$\begin{bmatrix} r_1 \\ r_2 \\ \vdots \\ r_N \end{bmatrix}_t = \begin{bmatrix} a_1 \\ a_1 \\ \vdots \\ a_N \end{bmatrix}_t f_c + \begin{bmatrix} I_{11} & I_{12} & \cdots & I_{1m} \\ I_{21} & I_{22} & \cdots & I_{1m} \\ \vdots & \vdots & \ddots & \vdots \\ I_{N1} & I_{N2} & \cdots & I_{Nm} \end{bmatrix}_t \begin{bmatrix} f_{I1} \\ f_{I2} \\ \vdots \\ f_{Im} \end{bmatrix}_t + \begin{bmatrix} S_{11} & S_{12} & \cdots & S_{1p} \\ S_{21} & S_{22} & \cdots & S_{2p} \\ \vdots & \vdots & \ddots & \vdots \\ S_{N1} & S_{N2} & \cdots & S_{Np} \end{bmatrix}_t \begin{bmatrix} f_{S1} \\ f_{S2} \\ \vdots \\ f_{Sp} \end{bmatrix}_t + \begin{bmatrix} u_1 \\ u_1 \\ \vdots \\ u_N \end{bmatrix}_t$$

在这个表达式中，r为股票收益，f_c，$\vec{f_I}$，$\vec{f_S}$分别表示国家因子收益、行业因子收益和风格因子收益。而$\vec{a}$ = 1，I为虚拟变量构成的行业因子载荷矩阵，S为风格因子载荷矩阵或风险暴露。

从这个表达式可以看出，股票的收益是由其所在股票市场的系统性风险、所属行业的风险、所属风格的风险以及残差项 u 共同组成的。BARRA 表达式中的计算方法是截面回归，即每日（更老的版本是每周）回归。BARRA 模型告诉我们什么呢？首先，可以看出股票的收益是可以"预测"的。在这个模型的基础上，任何股票的收益都可以根据所在国家、行业、风格和残差等因素来预测。这就类似于 Fama-French 三因子模型，只不过 BARRA 模型更加具体、科学。那么这种回归模型的标准方 R^2 是多少呢？根据 BARRA 公司的 CNE5，R^2 能够达到 40% 以上，已经是非常不错的效果了。CNE5 是 BARRA 针对中国股市的一个版本，CHE2 是另外一个版本。

基于 BARRA 模型，一是可以预测股票的收益率，二是如果知道股票的收益来源，就可以对冲掉那些不想要的来源，只拿想要的来源，这就是风险控制。BARRA 模型出现以后，也被作为一个重要的组合风险控制软件。

因为 BARRA 是商业软件，很多细节涉及知识产权，图 7-5 是在 BARRA 模型上进行选股和风险控制的大致步骤，比原商业模型要简单，仅向大家做简要介绍。

数据清洗

在 BARRA 模型中，可以根据每个股票的因子原始值特征计算出其因子载荷 X，再回归计算出最终因子收益 f。由于各种原因，因子原始值可能差别非常大，也有可能存在缺失的情况，这就要求我们进行相应的数据处理。一般来说，数据清洗是构造多因子模型的核心步骤，往往占工作量的一半左右。数据清洗包括奇异数据的处理（去极值）、数据标准化、补足因子的缺失数据。

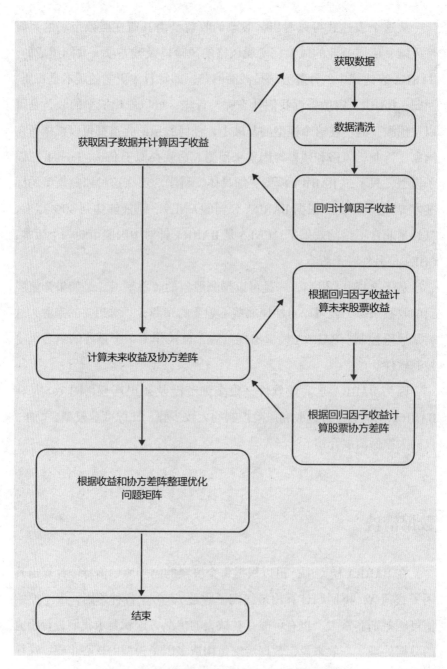

图 7-5　风险模型优化后的多因子选股模型

去极值和数据标准化处理一般采用标准差法，即对某个因子 k 应用下列公式：

$$X_{nt}^{std} = \frac{X_{nt}^{(raw)} - \mu_t}{\sigma_t}$$

$X_{nt}^{(raw)}$ 为因子原始值，μ_t 为市值加权平均，σ_t 为标准差。通过这个公式，把在时间截面上的股票原始因子值（例如 EP、市值等），变换成无量纲的标准因子载荷值。由于个股的原始因子值可能差距很大，例如有的股票市值有上千亿，有的股票市值只有 10 亿，这样算出的无量纲因子差距也可能很大。为了把标准化的因子值进一步缩小到可以接受的区间里，采用以下方法把标准化的因子值缩小到（−3.5，3.5）的区间里，同时保证标准化的因子载荷值尽可能少重复，也就是说保持原始因子值的排序。

若 $X_{n,t} \geq 3$：

$$X_{n,t} = 3 + \frac{X_{n,t} - 3}{2(X_{max,t} - 3)}$$

其中 $X_{max,t}$ 为该因子在 t 时刻，截面最大值。

若 $X_{n,t} \leq -3$

$$X_{n,t} = -3 - \frac{X_{n,t} + 3}{2(X_{min,t} + 3)}$$

其中 $X_{min,t}$ 为该因子在 t 时刻，截面最小值。

数据缺失是比较常见的问题。当构成因子的描述变量数据只有部分缺失时，解决方案有三种：一是利用其余未缺失的因子来继续构建因子，例如可以假设其缺失期的因子载荷值与上期一样；二是使用其所在行业或风格的平均值来替代其因子值；三是对其他未缺失的部分因子值进行回归，从回归系数中补回缺失的因子值。当某只股票的因子指标全部缺失时，一般在改期计算中忽略该股票，或使用行业平均值代替。

为了使分析更全面、有效，还要进行数据分析。因为很多因子未必能够作为真正的因子值使用，数据分析就是对因子进行稳定性检验。自

回归系数（自相关系数）是一个比较有效的检验方法，对因子 k 的自回归检验做法是：

$$\rho_{kt} = \frac{\Sigma_n v_n^t (X_{nk}^t - \overline{X_k^t})(X_{nk}^{t+1} - \overline{X_k^{t+1}})}{\sqrt{\Sigma_n v_n^t (X_{nk}^t - \overline{X_k^t})^2}\sqrt{\Sigma_n v_n^t (X_{nk}^{t+1} - \overline{X_k^{t+1}})^2}}$$

其中 v_n^t 是回归权重。

这种自回归系数实际是在看因子载荷是否稳定，从而确定统计方面是否稳健。一般来说，自回归系数在 0.8 以上的因子为稳定的因子，小于 0.8 的因子不太稳定。

下一步是要看每个因子的统计显著性和因子的共线性。显著性一般使用 t 检验的方式。共线性决定了因子之间的相关性，强共线性会削弱统计的有效性。因篇幅所限，在此不再赘述。

计算因子收益

本篇所使用的回归模型的因子值其实是回归后的分数，回归是截面回归，而入门篇的因子有效性检验更多的是时间轴的纵向回归。

由于股票收益率存在异方差性，因此以根号市值作为权重，使用加权最小二乘法（WLS）估计以上模型。使用这种加权方法是因为很多研究结果显示，个股的特质风险与股票规模成反比。

在回归方程中，注意 X_I 矩阵实际上是一个行业哑变量的矩阵，由于加入截距项 f_m，使模型中存在共线性。可通过增加以下约束条件使该模型具有唯一解：

$$\Sigma_i w_i f_i^I = 0$$

即市值加权的行业因子平均收益为 0，其中 w_i 为行业 i 的市值权重。

这样看来，f_c 实际上代表了全市场市值加权收益率；而行业因子的回归系数代表了行业的超额收益，风格因子的回归系数代表了在控制

220

行业因素的影响后，风格因子的超额收益。得到因子收益后，使用因子收益的历史，例如最近 120 个交易日的平均值（更精确的做法是使用半衰期法，即更近期的因子收益赋予更大的权重）作为对预期因子收益的估计。

在这个回归方程中，选用什么样的因子是关键，大家可以参考入门篇进行因子分类。

计算未来收益和协方差阵

在进行前两步工作之后，就可以在每一个预测期，根据每只股票新的因子载荷来进行收益预测，目的是生成风险控制下的组合。这个组合是一个有约束条件下的二次优化模型：

$$\max \ r^T w - \frac{1}{2}\lambda w^T \Sigma w - c^T|w-w_0|$$
$$\text{s.t.} \ \ s_l \leqslant X(w-w_b) \leqslant s_h$$
$$h_l \leqslant H(w-w_b) \leqslant h_h$$
$$0 \leqslant w \leqslant l$$
$$1^T w = 1$$

其中，w 为待求解的组合权重向量。

该优化问题的目标函数为最大化组合经风险、成本调整后的收益，具体包括三个部分：收益项、风险项、成本项。

* $r^T w$ 为组合预期收益，r 为股票预期收益率向量，在做完因子收益的计算之后，r 就容易得到了。

* $w^T \Sigma w$ 项为组合风险，Σ 为股票收益率协方差矩阵；λ 为风险厌恶系数，决定风险与收益的权衡。

* $c^T|w-w_0|$ 为调仓成本，w_0 为调仓前的持仓权重。

约束条件包括对组合风格因子暴露、行业分布以及个股权重的约束：

＊第一个约束条件限制了组合相对于基准指数的风格暴露，X 为股票对风格因子的因子暴露矩阵，s_l，s_h 分别为风格因子相对暴露的下限、上限，w_b 为基准指数的权重向量。

＊第二个约束条件限制了组合相对于基准指数的行业偏离，H 为股票的行业暴露矩阵，当股票 j 属于行业 i 时，H_{ij} 为 1，否则为 0；h_l，h_h 为组合行业偏离的下限、上限。

＊第三个约束条件限制了卖空，并且限制了个股权重上限 l。

＊第四个约束条件要求权重和为 1。

如果做多因子选股，应该采取一定手段使生成的股票组合权重和基准权重一致，否则生成的股票组合就有可能在行业配置上严重偏离原始组合，容易出现组合风险过大，不好预测和控制的情况。如果控制住行业权重的偏离，那么相当于组合在行业上是零偏离的，没有因过度配置某个行业而造成风险加大。

事实上，不仅行业配置应该遵循这个原则，在风格上也应该遵循这个原则。什么是风格呢？我们常听说"把握小盘股的机会"，用市值来划分，大、小盘就是一种概念，具体数值化也可以作为一种因子。怎么看风格呢？可以预测的、持续稳定的风格因子，可定为一种阿尔法，是驱动股价长期上涨的因素；不可预测的、不稳定的风格因子，就是一种风险，需要控制。

在上述模型中，协方差矩阵 Σ 的预测是非常关键的。在收益率服从正态分布的假设下，样本协方差是无偏的极大似然估计量，即给定数据下最可能的参数，也就是说"完全让数据说话"。在估计参数时，如果样本数量足够大，那么样本协方差具有良好的性质；而在小样本下，使用该估计量可能会出现过拟合。

样本协方差矩阵为：

$$S=\frac{1}{T}X(I-\frac{1}{T}\mathbf{1}\mathbf{1}')X'$$

其中 **1** 为元素全为 1 的列向量（$N \times 1$），I 为单位矩阵（$N \times N$）。从样本协方差的计算公式可以看出，样本协方差 S 的秩最多等于矩阵 $I - \frac{1}{T}\mathbf{11}'$ 的秩，即 $T-1$。因此，当矩阵的维数 N 超过 $T-1$ 时，样本协方差矩阵是不满秩的，也是不可逆的。

此外，在样本协方差矩阵中，需要估计 $\frac{N(N+1)}{2}$ 个元素，而总样本量为 $N \times T$。在实际应用中，由于收益序列的非平稳性，通常不会取较长的时间区间；而待求解的股票集合往往很大。因此，当股票数量的数量级与样本数量相当，甚至更大时，样本数量的缺少给样本协方差带来较大的估计误差。天风证券研究者曾提出改进股票收益率协方差估计的方法有因子模型、压缩估计、随机矩阵理论模型等，其中效果最好的是压缩估计方法，因子模型相对而言效果一般，但入手比较简单。

*因子模型。可以通过给协方差矩阵加以一定的结构，从而减少数据的维数，降低估计误差。这种结构可以来源于因子模型，如单一指数模型（市场模型）、多因子模型（行业因子、宏观因子、基本面因子、统计因子）。然而，因子模型的缺陷在于，关于模型中应当包含几个因子、包含哪些因子，并没有统一的标准。因此不能提前知晓在特定环境下应该使用什么模型，这就使因子模型的设置往往具有一定的"艺术性"。

*压缩估计。为了避免因子模型中的因子选择问题，可以将样本协方差矩阵与其他结构化模型进行加权，以此来设定结构。

*随机矩阵理论模型。除了在估计中引入结构化，也可以根据随机矩阵理论来分离样本协方差矩阵中的信息与"噪声"，即通过调整相关系数矩阵的特征根来降低协方差矩阵的估计误差。

下文简单展示用压缩估计模型来预测组合的协方差，有兴趣的人可以参考相关研究报告，进一步研究。

关于组合风险的估计，当股票特质收益率与公共因子不相关时，预期风险可以分解为公共因子解释的风险和特质风险，其中公共因子风险

使用日度因子收益的协方差矩阵、因子暴露估计，特质风险使用个股特质收益率的波动率估计，即：

$$\Sigma = XFX^T + \Delta$$

其中，F 为 k 个因子（风格因子与行业因子）的因子收益协方差矩阵，X 为 n 只股票在 k 个因子上的因子暴露矩阵（$n \times k$），Δ 为股票的特质波动率矩阵（$n \times n$）。

因子收益协方差、特质风险都使用半衰加权计算，给近期的因子波动更高的权重，下面介绍具体估计方法。

因子收益加权协方差可以直接根据因子收益序列计算得到：

$$\sigma_{i,j}^2 = \Sigma_t w_t (f_{i,t} - \bar{f_i})(f_{j,t} - \bar{f_j})$$

其中，$\sigma_{i,j}$ 为因子 i 和因子 j 的半衰加权协方差，w_t 为半衰权重，$\bar{f_i}$ 为因子 i 半衰加权的因子收益均值。然而，考虑到因子收益之间的相关系数比因子波动更加稳定，先分别估计因子收益的相关系数和各因子的波动性，再计算因子协方差矩阵。因子收益协方差可由因子收益波动率及因子收益相关系数计算得到：

$$\sigma_{i,j}^2 = \rho_{i,j} \sigma_i \sigma_j$$

其中，σ_i，σ_j 分别为因子 i，j 的因子收益标准差，$\rho_{i,j}$ 为因子 i，j 的因子收益相关系数。

这种估计方法的优点是可以对因子收益相关系数、因子波动使用不同的半衰期进行加权计算。由于因子相关系数较稳定，可以选择较长的半衰期；因子波动变化较大，可以选择较短的半衰期，从而更加迅速地反映因子风险的变化。当因子相关系数与因子波动的半衰期相同时，通过这样的方法得到的因子收益协方差矩阵与直接使用因子收益计算的加权协方差矩阵是一样的。

特质风险为特质收益率的方差：

$$\sigma_{u,n}^2 = \Sigma_t w_t (f_{u,n,t} - \bar{f}_{u,n})^2$$

其中，$\sigma_{u,n}^2$ 为股票 n 特质收益率的方差，w_t 为半衰权重，$f_{u,n,t}$ 为股

票 n 在 t 期的特质收益率，$\bar{f}_{u,n}$ 为股票 n 特质收益率的半衰加权均值。根据时间序列估计的特质波动率在样本外不一定具有持续性，尤其是当特质波动率特别高或者特别低时，特质风险存在均值回复的可能性，因此需要对特质风险的估计值进行调整。

整理优化目标矩阵

至此，可以着手整理目标函数：

$$\max\ r^T w - \frac{1}{2}\lambda w^T \Sigma w - c^T |w - w_0|$$

这个目标函数有一个比较复杂的二次项。为了回避风险厌恶系数选取的问题，可以变通一下，将风险项从目标函数中去掉，而将其作为约束条件，并给予一定的风险上限，从而直观地控制组合的预期风险。此外，由于量化基金、指数增强基金通常使用组合的跟踪误差而不是组合的波动率来衡量风险，对有跟踪基准的基金而言，组合的风险控制也可以设定为跟踪误差的形式。

组合的跟踪误差可以表示为：

$$(w-w_b)^T \Sigma (w-w_b)$$

其中，Σ 为股票收益率协方差矩阵，w 为组合权重向量，w_b 为基准指数的权重向量。

将目标函数中的风险项转变为对组合预期跟踪误差的约束，原优化模型便转化为以下形式：

$$\max\ r^T w$$
$$\text{s.t.}\ s_l \leqslant X(w-w_b) \leqslant s_h$$
$$h_l \leqslant H(w-w_b) \leqslant h_h$$
$$(w-w_b)^T \Sigma (w-w_b) \leqslant \frac{TE^2}{250}$$
$$0 \leqslant w \leqslant l$$
$$1^T w = 1$$

其中，*TE* 为组合的预期年化跟踪误差的上限。一般来说，国内的普通指数型基金 *TE* 为 4%，增强指数型基金 *TE* 一般在 6% ~ 8%。

如此一来，原本的二次规划问题转化成了一个二阶锥规划（SOCP）问题，这两个优化模型在常用软件中均有现成的 Python 和 MATLAB 优化包可以使用。

对于以上组合优化问题的约束条件，有如下常见设置方式：

（1）被动指数基金的跟踪误差一般在 4% 以下，指数增强基金的跟踪误差在 8% 以下；

（2）对于风格因子的暴露，常见的是市值中性约束，即控制组合在市值因子上的暴露相对于基准指数没有过大的偏离；

（3）对于行业因子的暴露，一般会要求组合行业中性，即要求组合在每个行业上的权重配置与基准指数保持一致；

（4）对于个股权重的要求，通常除了限制个股权重上限、下限外，还应该考虑每次调仓时持仓股票的可交易性，即当持仓股票不可卖出时，可要求该股票权重保持不变。

回测和结果的观察

在每一期的优化模型中，使用的是相同的约束条件，如保持组合具有行业中性、市值中性等。但在实际过程中，风险与收益是同源的，控制风格因子暴露的同时，实际上也控制了超额收益的来源。而严格的风格、行业暴露约束，会缩小优化模型的可行域，使模型的最优解更加偏离全局最优解。约束条件越多、越苛刻，在控制组合风险的同时，也可能会降低组合的收益。为此，天风证券提出了基于动态风险控制的组合优化模型，即动态约束根据时间的不同而发生变化。两种情况（静态与动态）的结果如图 7-6 和图 7-7 所示。可见，风险模型的优化对组合优化的结果影响是非常大的。

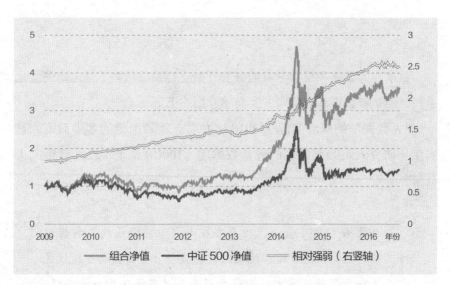

图 7-6　静态风险模型优化后的多因子选股模型结果

资料来源：天风证券、Wind

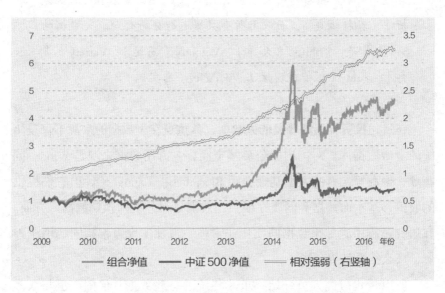

图 7-7　动态风险模型优化后的多因子选股模型结果

资料来源：天风证券、Wind

四、大数据与量化选股的结合

目前，大数据和机器学习的方法开始盛行，虽然并不是主流的量化手段，但笔者觉得有必要向大家简单介绍一下。

"大数据"的概念起源于 2010 年左右。就数据量的多少而言，其实量化研究人员频繁使用的海量数据库（100GB 以上）已经算得上大数据。

大数据（Big Data），指无法在一定时间范围内用常规软件工具进行捕捉、管理和处理的数据集合，是需要新处理模式才能具有更强的决策力、洞察发现力和流程优化能力的海量、高增长率和多样化的信息资产。在维克托·迈尔－舍恩伯格、肯尼斯·库克耶写的《大数据时代》中，大数据指不用随机分析法（抽样调查），而采用所有数据进行分析处理。大数据的5V 特点是：Volume（大量）、Velocity（高速）、Variety（多样）、Value（低价值密度）、Veracity（真实性）。

在量化投资界逐渐普及的大数据，其重点在于数据的来源不仅是传统的金融数据库。对国内的公募基金而言，常用数据来源是 Wind、同花顺、聚源等，有些大型基金会用 Bloomberg、Capital IQ，但它们提供的股价、基本面数据等同质性很强，差别是在分析师预期数据等方面。在研究过程中，如果数据同质化非常强，再加上大家都趋同的因子设置，那么结果可想而知了。

所以量化研究人员开始寻求非传统的一些数据，他们广泛与众多企业接触，发现很多数据是有作用的。例如某支付平台，每日都有数亿条支付信息，以数据库的形式存储。如果把收款的商家对应到上市公司，就能够从电子平台的支付信息得知该上市公司的销售情况。在很多情况下，一家公司在一定渠道的收款量占比是较固定的，这样就可以提前推测公司的收入情况。行业也是如此，可以通过一些渠道，获知行业的景气程度，有时候会有惊人的精确性。如图 7-8 所示，我们利用某电子平台的地产交易数据，制作了地产交易的景气指数。再利用相关统计机构公布的 30 个大中城市商品房成交面积、地产成交金额，根据商品房价格的变化，制作了相应指数。结果发现该电子平台的数据有非常好的预测效果。

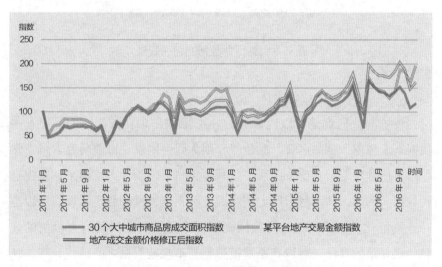

图 7-8　某电子平台的地产交易情况

　　证券市场也有一些非常有价值的数据。例如投资者经常有追涨杀跌的行为，所以过分受关注的股票往往在风潮过后会跌，形成一种"反转"效应，如图 7-9 所示。这种投资者的行为数据，就是在财务数据、价格数据之外，非常有价值的一种信息。

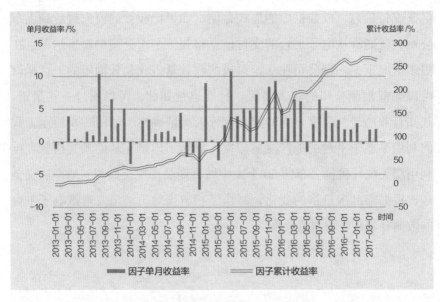

图 7-9　某行为数据的因子效果

资料来源：Wind

　　传统的数据都是可以以典型的 SQL 形式记录在数据库的。但有些数据不太规范，例如声音、颜色等，因为研究困难，以前研究人员常常忽略了这种数据。目前，由于一些程序包得以创新，大家越来越重视这种数据。例如，从卫星云图上传来商业区人群密度的颜色图片，可以进一步规范化，变成指数，为我们提供一个地区商业活动的有价值的信息。更复杂的算法，可以在不规范数据与不规范数据之间迭代计算，从而得到很多有趣的信息。

　　在大数据的利用方式上，除了本章介绍的因子选股方法之外，还有自下而上法和机器学习法。

　　自下而上法是一种数据科学和主动投资相结合的投资方法。例如研究某 A 股上市公司，想验证和预测它的收入，可以通过"爬虫"的方法，从占其 30% 收入来源的电商渠道获取订单信息，从而提前预知其销售的好坏。此外，针对某海外上市的互联网公司，也可以通过运营商去搜集其真实的访问时长和数量，从而验证其在 App Store 的下载量以及公布的 ARPU 值是否和真实情况一致。这种和传统基本面不一样的数据科学在华尔街越来越风靡，很多传统基本面基金开始配备数据研究人员来研究。

今后，更有希望成为潮流的是机器学习法。

> 机器学习（Machine Learning）是一门多领域交叉学科，涉及概率论、统计学、逼近论、凸分析、算法复杂度理论等。该学科专门研究计算机怎样模拟或实现人类的学习行为，以获取新的知识或技能，重新组织已有的知识结构，不断改善自身的性能。它是人工智能的核心，是使计算机具有智能的根本途径，其应用遍及人工智能的各个领域，它主要使用归纳、综合，而不是演绎。

用机器学习来处理数据，一般的工作有归纳和预测。归纳就是根据数据来总结一般的规律。预测是人工智能的一个突出特点，这种预测和前文提到的多因子模型的线性化、数学化的预测机理完全不同。机器学习是一种"硬学习"，通过一定算法来进行推测，其中往往并没有太多的数学理论。自 2016 年以来，海内外市场已经有一些打着"人工智能"旗号的基金出现。大浪淘沙，确实有一些基金的核心算法是基于机器学习的。这种机器学习会把传统的价格数据、基本面数据当作验算的基础，自己迭代给出买卖的信号。断定"人工智能"基金的业绩未来一定好于传统的主动投资基金或者量化基金还言时过早，但至少表明在投资策略上已有新变化。

五、小结

　　本章介绍了基本面量化投资中非常重要的一个环节——选股，入门篇里是比较直观、线性的打分选股法，提升篇里是目前主流的 BARRA 模型及其应用，有兴趣的人还可以进一步参考经典书籍 *Active Portfolio Management*（国内已经有译本《主动投资组合管理》）和 *Quantitative Equity Portfolio Management: Modern Techniques and Applications*。

　　量化选股是一个系统性的工程。目前在国内的公募基金里，号称采用量化选股的基金已经接近百只，但实际效果表现差距非常大。要做好量化选股，有很多需要注意的地方：

　　＊处理好细节。我们由浅入深地来看模型，有些假设是合理的，但很多时候都忽略了一些不能不考虑的细节。例如对行业中性和风格中性的理解，如果不考虑行业的偏离，那么做出来的组合很容易出现非常大的偏离。这要求基本面量化的研究人员经常回顾（review），看到自己之前所做工作的偏差。

　　＊风险归因。如前所述，回顾自己的组合，做风险归因是一个非常好的方法。对于我们生成的组合，或者已经投资运行过的组合，定期或不定期地进行收益分解，分析投资好的结果与坏的结果的原因。例如一个股票组合的风险归因，我们应该知道选时方面的能力怎么样、行业配置方面的得失怎么样、选股方面的能力怎么样。大家不应该把风险归因看成后台人员应做的事情，而应当视为跟投资一样重要。

　　＊不要过分挖掘数据。量化研究人员的重大误区就是过度重视结果。诚然，做出一条好看的回测曲线是很有成就感的，但离成功的投资结果还差得很远。90% 的漂亮的回测曲线，在考虑各种细节之后都被打

回了原点。

＊重视对基本面的理解和研究。量化研究人员很容易对自己的数学和编程技能感到得意，却忽视了对基本面的理解。我们建议量化研究人员多读书，多和基本面投资人员交流，从而加深自己的理解。割裂两种投资方法论是很不可取的。例如在多因子模型框架里，一个有基本面研究经验的研究者知道选用哪个财务因子可能会获得好的结果，甚至采取不同的因子对不同行业进行选股，从而获得更精细的选股效果。

综上所述，量化选股还有很长的路可以走，未来机器学习的引入可能会促进量化选股的进一步发展，我们拭目以待！